LA

PROFESSION DE FOI

D'UN RÉPUBLICAIN DE LA VEILLE,

OU

CONSEILS, RÉFORMES, OPINIONS,

PAR CHARLES-LÉON ROMMEVEAUX,

DE JONVELLE (HAUTE-SAÔNE).

DEUXIÈME ÉDITION.

Mai 1849.

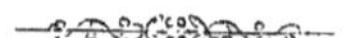

PRIX : **60 CENTIMES.**

AU BÉNÉFICE DES PAUVRES.

BESANÇON.

IMPRIMERIE DE J. BONVALOT.

1849.

DEUX MOTS

POUR TOUTE PRÉFACE.

———◦———

Pourquoi un simple extrait de la profession de foi que je donne aujourd'hui au public, et que j'ai écrit en quelque sorte d'un seul jet (extrait que j'ai publié à la veille seulement des élections, non dans l'intention d'être élu représentant du peuple, mais seulement, mais uniquement pour signaler certains abus et dire mes opinions sur différentes questions à l'ordre du jour), pourquoi, dis-je, cet extrait a-t-il trouvé quelques échos dans les endroits où MM. les maires ne l'ont pas mis sous clef lors de son apparition? Pourquoi a-t-il été généralement loué par les hommes justes et impartiaux qui l'ont lu? Pourquoi, enfin, m'en demande-t-on encore journellement des exemplaires?

Je vais le dire en quelques mots :

C'est parce que, dans ma profession de foi,

Je parle avec ma franchise ordinaire ;

Je parle le langage toujours si énergique de la vérité,

(Car moi, je ne connais pas le sophisme si bien manié dans tous les temps par les orateurs conservateurs ;)

Je parle le langage toujours si éloquent du cœur ;

Je m'élève au-dessus de toutes craintes et de toutes considérations personnelles ;

Je m'annonce au nom de la sainte humanité :

a

1849

Je prends, enfin, en tout et partout, la justice pour guide de mes pensées, de mes actions et de mes sentiments.

Voilà toute l'énigme.

Aujourd'hui donc, je m'empresse de livrer au public ma profession de foi dans son entier, et pour signaler de plus en plus les abus qui règnent encore dans notre société, et pour indiquer, autant que mes faibles lumières peuvent me le permettre, les réformes qu'il serait urgent de faire actuellement ; et pour faire connaître de plus en plus mes opinions, tant religieuses que politiques et sociales, et enfin pour épargner à beaucoup de mes compatriotes qui m'ont témoigné le désir d'avoir ma profession de foi dans son entier, la peine de la transcrire eux-mêmes ou de la faire transcrire.

Quant aux expressions, sans doute un peu fortes, dont je me suis servi dans le cours de ma profession de foi, qu'on veuille bien les excuser et même me les pardonner en considération de mes bonnes intentions.

Je le déclare ici formellement :

En écrivant ma profession de foi,

Je n'ai fait qu'obéir à un sentiment irrésistible de patriotisme ;

Je n'ai eu d'autre but que celui de donner encore à temps, à la société, l'alarme salutaire ;

Je n'ai eu d'autre désir que celui qu'on vienne bientôt et activement en aide à la classe pauvre, souffrante et malheureuse de l'humanité ; qu'on vienne immédiatement et efficacement au secours de cette classe nombreuse, qui renferme des misères si grandes, que les cœurs les plus durs en sont attendris ; de cette classe si intéressante, qui offre aux regards des conditions si affreuses, qu'elles donnent l'épouvante à l'âme ; de cette classe jusqu'alors pour ainsi dire entièrement délaissée et abandonnée à sa triste destinée ; qui recèle dans son sein tant de souffrances inouïes, tant de douleurs horribles, épouvantables, qu'en vérité cela déchire le cœur, cela donne le vertige.

Si je me suis un peu étendu sur le socialisme, ce grand et important problème à résoudre par la société présente ; sur le socialisme, qu'aujourd'hui on persécute tant et assurément bien à tort, c'est afin de faire connaître que le socialisme, tel que je l'entends, tel que je le comprends, n'est certainement pas une utopie, mais bien au contraire le progrès, le véritable progrès, mais bien la parfaite expression de la justice. Voulez-vous que je vous fasse part dès aujourd'hui d'un certain pressentiment que j'ai déjà depuis quelque temps, c'est qu'aussitôt qu'on aura su faire l'heureuse distinction du véritable socialisme d'avec le faux, et surtout quand on aura mis celui-ci hors la loi par une sage discussion, chacun voudra être socialiste, chacun se dira socialiste. Il en sera de même assurément du socialisme comme de la République : avant l'avènement de cette dernière, on frissonnait généralement rien que d'y penser ; et la République à peine a-t-elle été proclamée, que tous, sans exception, se sont dits républicains.

Telle est l'inconséquence des hommes, que souvent, le lendemain, ils vénèrent ce qu'ils avaient en horreur la veille !

Quant à l'inculpation de porter tant soit peu atteinte à la vraie propriété, que je respecte pour le moins autant que M. Thiers, son intrépide défenseur, peut la respecter lui-même, cette inculpation, je la repousse de toute mon énergie et avec le dernier mépris.

Ce n'est assurément pas un morceau d'éloquence, un discours apprêté que j'offre aujourd'hui à mes amis et à mes compatriotes ; c'est tout simplement une espèce de causerie, telle que je l'aurais faite avec eux, si j'avais eu l'honneur d'être admis dans leur conversation intime et familière.

Je demande donc indulgence.

C.-L. ROMMEVEAUX.

Jonvelle, ce 20 mai 1849.

AUX ÉLECTEURS,

MES CONCITOYENS

DE LA HAUTE-SAÔNE.

Mes chers concitoyens,

Il me faut tout l'ardent et l'irrésistible désir d'être utile à mon pays,
joint à de pressantes sollicitations, pour me résoudre à abandonner la
paisible retraite où je coulais, au sein de ma petite famille, des jours
sinon bienheureux, car ils sont rares ceux-là pour chacun, au moins
calmes et paisibles, et où encore je méditais et mûrissais un grand, un
important projet dont l'exécution, je ne crains pas de le dire, pourrait
actuellement, plus qu'à aucune autre époque, être de la plus grande

utilité à notre belle et chère patrie ; il me faut, dis-je, ce noble désir, pour me résoudre à me montrer tout-à-coup au nombre des athlètes prêts à descendre dans la lice nationale, et à se dévouer, tête, cœur et poitrine, au service et à la défense de la patrie (si en danger aujourd'hui !), et pour enfin me décider à venir grossir le nombre des candidats à la députation, et à me mettre à l'entière disposition des citoyens de la Haute-Saône, pour le cas où il leur conviendrait de me nommer représentant du peuple français.

Je ne prendrai pas à tâche ici de faire des phrases, de formuler en ma faveur un vain langage, car c'est à l'œuvre que l'on reconnaît l'habile ouvrier ; c'est au milieu du feu des combats, que l'on reconnaît le brave militaire, et c'est aussi à l'assemblée législative prochaine que l'on reconnaîtra l'intègre républicain, le bon et dévoué citoyen. Aussi je vais m'occuper aujourd'hui de tout autre chose.

PREMIÈRE PARTIE.

CONSEILS.

Un bon conseil, n'importe d'où il vienne,
n'est jamais à dédaigner.

Je suis républicain, et républicain non modéré et honnête à la manière de nos républicains du surlendemain (passe encore pour ceux du lendemain), car moi je ne peux mentir aussi impunément ! Et ceux-là qui ont, à l'heure qu'il est, la prétention de se qualifier tels, ne sont assurément que de francs royalistes qui se cachent hypocritement sous ce nouveau masque. Ils ne sont assurément pas plus républicains que le Grand-Turc, que l'autocrate de toutes les Russies, que le sanguinaire Radetski, que tous ces étouffeurs de liberté, que tous ces buveurs de sang humain avec lesquels ils semblent déjà fraterniser et faire cause commune (les événements ultérieurs ne justifieront malheureusement peut-être que trop ma manière de voir et de penser); je suis tout simplement républicain, sans prétendre à aucune autre qualification ; mais j'ai la prétention aussi d'être bon républicain, sincère républicain, républicain de cœur et d'âme, républicain à tout jamais.

Maintenant je tiens à dire et je vais dire pourquoi, entre autres mobiles, je suis républicain si prononcé et pour la vie, quoi qu'il arrive.

J'ai lu autrefois le passage suivant dans le livre inspiré du ciel, la *Bible*, et ce passage remarquable est demeuré depuis ce temps toujours présent à ma mémoire.

C'est Dieu lui-même qui répond à Samuel sur la demande d'un roi faite par les Israélites alors en république. Afin de détourner entièrement ces derniers de leur dessein insensé, le Seigneur leur dit :

« Voici quel sera le droit du roi qui vous gouvernera : il prendra vos
» enfants pour conduire ses chars et pour en faire des cavaliers qui mar-
» cheront devant lui ; il en fera des officiers et des soldats pour son
» armée ; il prendra les uns pour labourer ses champs et pour recueillir
» ses blés, et les autres pour faire des armes et des charriots ; il prendra
» vos filles pour se faire apprêter des parfums, ainsi que le pain et les

» mets de sa table ; il prendra aussi vos champs, vos vignes et vos
» meilleurs plans d'oliviers pour les donner à ses serviteurs ; il vous de-
» mandera la dîme de vos blés et de vos vignes, pour donner à ses
» eunuques et à ses serviteurs ; il prendra vos serviteurs, vos servantes
» et les jeunes gens les plus forts, avec vos ânes, et les fera travailler
» pour lui ; il prendra enfin la dîme de vos troupeaux, et vous serez ses
» serviteurs.
 » Vous élèverez alors des cris à la vue du roi que vous aurez élu, et
» le Seigneur ne vous exaucera point, parce que vous aurez vous-mêmes
» demandé un roi. (*Bible,* ch. VIII, v. 11 à 19.)

D'après ces conseils, Dieu n'est assurément point partisan de la royauté,
mais bien de la République ; et s'il existe quelque part un langage révolutionnaire, aux yeux de nos honnêtes et modérés (seulement pour rire)
républicains, c'est bien celui de Dieu même.

Voilà le passage qui m'a frappé singulièrement par les vérités prophé-
tiques qu'il renferme. On dirait un tableau vivant ; on dirait un miroir fidèle.

Voilà le passage qui m'a fait devenir, depuis je crois 1840, républicain
à tout jamais.

Car, voyez-vous, je ne puis assurément me confier qu'en Dieu et en
ses sages et désintéressés conseils. Et je doute fort, très fort, que ceux
qui veulent si passionnément nous ramener la royauté, agissent avec la
même franchise, la même sollicitude que le Seigneur, et qu'ils aient la
bienveillante bonté de faire connaître aussi au peuple les calamités de
toutes espèces qu'amène toujours à sa suite la royauté.

En effet :

Qui nous a amené et 89 et 93, et les journées de juillet 1830, et
encore les journées de février 1848 ?

N'est-ce pas la royauté !

Qui en doute !

Peuple !

Ne crois donc pas que l'avènement de la République soit la cause de
ton malaise d'aujourd'hui ! mais attribue plutôt logiquement et sagement
ce malaise à la résistance insensée du dernier ministère de la monarchie,
à Guizot, et encore et surtout à l'affreuse corruption du gouvernement
de Louis-Philippe et consorts !

Ah ! pour juger sainement et impartialement les choses, il faut toujours remonter à leur source.

Ecoutez ! Dieu seul est roi, et les hommes, ses enfants, sont tous frères.

Il ne peut donc pas y avoir légalement parmi eux de maîtres et de
serviteurs, de despotes et d'esclaves, de rois et de sujets ; mais seulement
de simples mandataires auxquels les peuples confient librement, et pour
quelque temps seulement (ne pouvant valablement s'engager que pour
eux et non pour leur postérité), leurs pouvoirs politiques et sociaux ; que
des mandataires dont le devoir, l'impérieux devoir est de s'occuper sans
cesse des intérêts de leurs mandants, et non, comme ils le font la
plupart aujourd'hui, de s'occuper uniquement des leurs.

Je reste enfin entièrement persuadé que les insensés partisans de la royauté ne sont tout simplement, ne sont tout bonnement que les vils serviteurs à gages des rois, des despotes, près desquels ils s'engraissent aux dépens du pauvre peuple, qui paie toujours, lui, sans jamais rien retirer.

Ce passage ne se trouve pas dans un des ouvrages de nos avancés socialistes, et même communistes, mais bien dans le livre dicté par l'esprit de toute lumière, par Dieu lui-même.

Et si vous doutez que Dieu se soit exprimé ainsi, il vous faut douter aussi de tout le surplus des saintes Écritures.

Partisans intéressés de la royauté, si vous l'osez maintenant, prêchez encore la royauté, et donnez de cette manière au peuple des conseils tout différents de ceux de Dieu.

Alors, vous ne serez assurément plus les interprètes du Seigneur, mais bien ceux de l'esprit de ténèbres, qui ne veut que des victimes, que des esclaves.

2.

Je suis donc républicain dans toute la force et l'acception du terme.

Je suis encore républicain à la manière du Christ, de ce premier républicain du monde, de ce digne chef des socialistes, de ce sublime législateur des peuples, de cet être vraiment incomparable, vraiment extraordinaire, qui sonda si profondément le grand abîme du mal, et qui en montra si clairement la ténébreuse retraite dans le dédale de nos esprits orgueilleux, dans le labyrinthe de notre cœur corrompu; de cet homme assurément divin, qui osa le premier briser les immenses et si lourdes chaînes de l'esclavage des peuples, et anathématiser les riches opulents, mais égoïstes de ce monde (de ce siècle surtout).

Aussi,

Peuple encore si malheureux!

Aime le Christ de tout ton cœur, de toute ton âme, de toutes tes forces!

Il le mérite bien!

Il est mort pour te délivrer de l'esclavage de ce monde et pour te rendre la vie de l'autre.

Vénère sa religion!

Ah! quelle serait belle, sa religion, si elle était enfin dégagée de tout ce cortége de préjugés, de fanatisme, de bigoterie, de momeries qui ont souvent, pour la plupart, l'intérêt seul pour mobile!

Adore sa croix!

Sa croix qui fait trembler les tyrans et pâlir les rois!

Car encore :

Le Christ est ton meilleur ami;

C'est à toi qu'il crie nuit et jour du fond de ses brûlants sanctuaires: *Venez à moi, vous tous qui êtes chargés, et je vous soulagerai!*

Sa religion est ton plus sûr guide.

C'est elle qui te donne, qui te conserve l'espérance au milieu de tes afflictions, de tes misères! et elles sont grandes parfois!

Sa croix est ton plus cher trésor.

C'est elle qui t'a ouvert les portes du ciel, et c'est encore elle qui t'y conduira à ta sortie de cette vie.

Peuple !
Ferme les yeux aux scandales du siècle.
Ne cherche pas la justice ici-bas !
La pure félicité n'est pas de ce monde !
Lève souvent tes regards vers le ciel,
C'est là que la récompense t'attend.
Patience ! patience ! patience !

Je suis républicain encore comme l'a été le si aimable, le si vénérable, je dirais presque le si adorable Fénélon, ce modèle si beau, si touchant, si ravissant du clergé !

O Fénélon !
Oh ! grand et digne apôtre du Christ !
Tu étais déjà républicain de cœur et d'âme ;
Tu étais déjà républicain démocrate et socialiste,
Sous le gouvernement monarchique et si despotique de Louis XIV, de ce roi qui, sans honte ni pudeur, t'exila de sa cour presque uniquement à cause de tes opinions, si avancées pour cette époque.

Tu fus donc un des premiers martyrs de la démocratie sociale !
Hommage te soit donc rendu par tous les républicains socialistes !

Et depuis long-temps, bien long-temps déjà, je me suis ceint le cœur et les reins de l'écharpe sainte et sacrée où sont gravés en caractères ineffaçables ces beaux mots : *Liberté! Egalité! Fraternité!*
Mots sublimes !
Qui renferment tout l'Evangile.
Arrière donc les profanes qui s'en moquent !
Le rire qu'ils ont sur les lèvres n'est qu'un rire satanique.

3.

Fils d'un ancien officier décoré, enfant du peuple par conséquent, je n'ai pas honte de mon origine ; je m'en honore même, et je suis et resterai toujours sincèrement dévoué à la belle et touchante cause populaire, tout en ayant en même temps la ferme résolution de respecter et de faire respecter les droits légaux des riches. Mais, plus de noblesse, et surtout de celle issue de la corruption, de l'infamie ! Mais plus de noblesse d'or, de métal ! Mais plus de noblesse, si ce n'est celle acquise personnellement (et je n'en reconnais pas d'autre) par le dévouement et les services rendus à la patrie et par la bienfaisance envers ses frères. Et cette noblesse, cette fois belle et digne, n'a assurément pas besoin de titres, d'écussons, d'armoiries pour apparaître et pour rayonner ! Mais encore, plus d'injustes et d'iniques priviléges ! Mais surtout, oui, surtout, plus d'autres partis en France que celui de la République, si l'on veut que la France sorte enfin du chaos où elle est maintenant plongée, si l'on veut que la patrie vive et grandisse !

4.

Suivant moi, la grande et terrible lutte commencée à notre première révolution de 89, entre la noblesse et le peuple, entre les injustes priviléges et le dur esclavage, n'est malheureusement encore pas terminée, il s'en faut même beaucoup, suivant toute apparence; et pour le savoir et pour le comprendre parfaitement, il suffit de quelques jours passés au milieu de nos bourgs et de nos importants villages. Oui, aujourd'hui, tous ces mauvais riches que l'année de souffance que nous avons traversée naguère si péniblement a si bien fait connaître au peuple, pleurent amèrement leurs iniques priviléges, en portent actuellement un bien grand deuil; priviléges! n'en doutons pas un seul instant, qu'ils vont s'efforcer, au moyen des grandes élections prochaines, de ressaisir, si on les laisse faire, et si l'on ne cherche pas, par tous les moyens possibles, toutefois justes et légaux, à les arrêter, à les déjouer et à paralyser complètement leur folles entreprises.

En quelque sorte inutile de dire ici que nous exceptons de ce nombre malheureusement déjà trop grand, les bons riches, ces hommes loyaux et généreux qui ont compris leur belle mission sur la terre, celle d'être bienfaisant, et qui traversent le chemin glissant de la vie d'ici-bas (car nous sommes du nombre de ceux qui ont foi et croyance en une autre vie), en tendant généreusement une main amie à leurs frères malheureux, et en faisant tout le bien qu'ils sont à même de faire. Et ceux-là, nous n'en doutons pas un seul instant, se sont depuis long-temps ralliés au sage parti de la République.

5.

Que tous les vrais Français, que tous les braves patriotes, en un mot que tous les bons citoyens y songent bien, tandis qu'il en est temps encore : de l'assemblée législative prochaine doit sortir pour le peuple français ou un arrêt de mort ou une source pure, abondante et intarrissable de vie. Malheur donc! et mille fois malheur! aux misérables qui tenteraient en France, dans l'état actuel des choses, une contre-révolution, qui essaieraient d'y reconstruire, au mépris de la victoire déjà deux fois renouvellée du peuple français, un trône, fût-il même des plus constitutionnels, en faveur d'une des branches quelconques de la famille des Capet et des Napoléon; car bientôt (qu'on prenne acte ici de nos paroles, ces paroles nous ne les désavouerons jamais), car bientôt le volcan révolutionnaire qui est à peine calmé en France, recommencerait à tonner plus fortement que jamais, et son vaste et immense cratère, encore rouge du feu souterrain, vomirait cette fois sur la France, sur l'Europe et même sur le monde entier des torrents de laves ardentes, de feux impétueux qui brûleraient et consumeraient tout, et ne feraient assurément des peuples modernes que des monceaux de cendres tout détrempés de sang. Ah! que n'ai-je ici une voix assez grande, assez forte, assez retentissante pour me faire entendre dans toute l'étendue de la République et même au-delà de nos frontières, et pour crier malheur au duc de Bordeaux! aux princes d'Orléans! et même aux Napoléon! s'ils venaient en ces moments si critiques, si

solennels pour la France et même pour tous les peuples, s'ils venaient,
nouveaux Coriolan, agiter au sein de nos provinces, de notre patrie,
s'ils venaient témérairement et même follement agiter les torches
effrayantes de la guerre civile; et cela pour un jouet! et cela pour une
fragile couronne! et cela pour un trône qu'un souffle du peuple suffit
pour faire disparaître! Malheur à eux! Le ciel même, juste et équitable,
aurait-il assez de colère et de foudres pour les écraser et venger des
milliers de citoyens que l'on aurait poussé follement à s'entre-détruire,
à s'entre-égorger! Malheur donc sur eux! et malheur encore sur leurs
fanatiques partisans, qui marcheraient aveuglément sur leurs pas et
nous précipiteraient tous cette fois dans le gouffre sans fond de la
guerre civile. Alors, nous le demandons sincèrement et même sans
passion, qu'auraient gagné et l'ancienne noblesse et celle qui com-
mençait si effrontément à s'élever du sol nouveau et jusqu'alors pour
ainsi dire inconnu de la corruption? Qu'auraient-ils tous gagné? Faut-
il le dire presque prophétiquement : la perte entière de leurs biens et
et peut-être même de leur vie! Voilà tout, absolument tout; et telle
serait enfin la punition méritée de leurs coupables erreurs, de leurs
criminelles attaques contre la République.

6.

Citoyens, vous ne le voyez que trop maintenant : il faut nécessairement que les grandes élections nous donnent pour représentants du
peuple, des hommes en quelque sorte étrangers à tous les autres partis
qu'à celui de la République, de la patrie par conséquent, seul parti
qui doive faire battre le cœur d'un bon Français ; nous donnent des
hommes sur les bonnes intentions desquels on ne puisse douter un seul
instant, oui un seul instant. Et une fois l'assemblée législative composée
d'intègres républicains et de dévoués patriotes, la France est sauvée,
la patrie grandit étonnemment, et le peuple français devient le peuple-
roi, et commande enfin par sa puissante influence à toutes les nations
de l'Europe; car ces bons citoyens, libres cette fois de toutes entraves,
débarrassés heureusement de tous les ennemis cachés de la France,
pourront enfin résoudre le grand et si important problème de l'époque
actuelle, qui est de concilier tous les partis entre eux, qui est de satisfaire autant que possible, et surtout sans injustice ni bassesse, aux
droits légaux et inaliénables des deux classes qui divisent encore malheureusement le corps de la nation : de la classe riche et de la classe
pauvre; de manière que l'une et l'autre soient à peu près contentes et
satisfaites. Une fois cet important problème résolu (problème dont nous
avons, à ce qu'il nous semble, la clef; problème dont nous avons
entrevu la véritable solution; problème que nous nous engageons
d'honneur, par la présente profession de foi, à développer devant la
chambre, à la tribune nationale, si nous sommes élu représentant), la
France est sauvée, et le grand peuple français marche cette fois à pas
de géant à la conquête morale de tous les royaumes et de tous les
empires de l'Europe, conquête un instant arrêtée par la marche si
rétrograde des gouvernements qui ont fait suite au digne, au courageux,
au magnanime gouvernement provisoire (il est temps et plus que temps

de le retirer de la boue où les infames corrompus de tous les règnes le traînent si ignominieusement), dont quelques membres (Arago, Dupont (de l'Eure), Lamartine, Ledru-Rollin et Louis Blanc), en se dévouant corps et âme au salut de la patrie, ont sauvé la France de l'anarchie et de la guerre civile, et ont assurément bien mérité de la patrie. Gloire et honneur leur soient donc rendus ! Ce serait là, assurément, une bien belle, une bien pure, une bien désirable victoire ! Et quel est le citoyen, doué de tant soit peu de bon sens, qui ne se fasse pas un crime de retarder cette belle, cette pacifique victoire, seulement d'une seconde !

7.

Au nom donc de l'honneur et de la gloire ! au nom donc de la patrie ! au nom donc de la religion sainte et sacrée du Christ, nous conjurons bien vivement, bien ardemment, même avec instance et prières, nous conjurons tous les bons citoyens du département, sans aucune exception, et même, dans leurs intérêts les plus chers, nous les conjurons tous de déposer en ces moments-ci tout esprit de parti, et de se ranger sans hésitation et sans arrière-pensée, définitivement et à jamais à la suite du noble et glorieux étendard de la République. Oui, que la fusion entière et parfaite de tous les partis se fasse enfin cette fois dans celui de la République, de la République, à la place de laquelle nous ne voyons plus que troubles, que désordres, qu'insurrections, et enfin, pour dernier et à jamais déplorable résultat, que des monceaux de cadavres entassés par la guerre civile, et la disparition même de la France du nombre des nations. Et à la vue d'un si funeste résultat, et résultat inévitable, si l'on n'y prend bientôt garde ! quel monstre humain ne tremblerait d'élever l'étendard d'un parti quelconque contre celui si beau et si glorieux de la République, contre l'étendard aux trois nobles couleurs, qui, comme l'a si bien exprimé l'un de nos grands citoyens, Lamartine, a fait le tour du monde avec nos victoires et nos gloires (1).

---

(1) Au moment où l'épreuve me parvient, j'apprends que M. de Lamartine n'a pas été élu représentant. Bien qu'ayant prévu ce résultat, cependant à cette nouvelle mon cœur se serre.

O Lamartine !

Toi, naguère l'élu du peuple français, à plusieurs millions de voix, aujourd'hui, ô vanité des choses de ce monde ! tu es rejeté presque par tous !

Quelle si grande faute as-tu donc commise pour cette espèce d'ostracisme ?

Je te le dirai bientôt ailleurs.

Mais vous, citoyens, qu'avez-vous fait ?

Aristocrates, vous avez été ingrats,

N'est-ce pas ce grand patriote qui, au jour du danger, a le plus contribué à sauver non-seulement vos biens, mais encore votre vie ?

Démocrates, vous avez été aussi des ingrats,

Parce que vous devez en grande partie l'avènement de la République, de votre règne, au dévouement sublime de ce grand homme.

Quoi !

Vous n'avez pu pardonner à une de vos plus belles gloires politiques et littéraires les fluctuations, les tergiversations inévitables à tout grand génie, inséparables du poète !

O Lamartine, console-toi !

Ta part est encore assez belle !

Assez de gloire rayonne sur ton noble front !

Assez de lauriers ombragent ton auguste tête !

8.

Citoyens, mes chers compatriotes, choisissez donc bien, pendant qu'il en est temps encore ! Allez, explorez toutes les classes de la société, et nommez-vous, oui, nommez-vous de dignes représentants et de dévoués patriotes, et non des hypocrites, des fourbes, des traîtres, qui appellent déjà de tous leurs vœux, vœux criminels et insensés ! qui appellent de tous leurs vœux le retour en France des Barbares, des anthropophages du Nord !

Nommez-vous de bons citoyens, n'importe dans quelle classe vous les trouverez, fût-ce même dans la dernière des professions, pourvu qu'ils soient hommes probes, intègres et désintéressés ! Et qu'on ne vienne pas nous dire ici qu'il faut bien se garder de nommer des représentants dont la position est non-seulement peu brillante (et je suis du nombre), mais encore précaire ! Qu'on ne vienne pas nous faire cette stupide objection, comme s'il fallait avoir les goussets dorés pour bien servir et défendre sa patrie ; parce que nous aurions de suite une bien terrible, une bien foudroyante réplique à y opposer. N'est-il pas prouvé jusqu'à l'exemple, n'est-il pas constant jusqu'à l'évidence, que ce sont souvent les plus riches qui sont les plus fripons et qui commettent le plus de bassesses ? A témoin l'étrange corruption du dernier règne, dont le dernier roi de France, Louis-Philippe, a le premier montré le funeste exemple ! Exemple qu'ont malheureusement suivi et un grand nombre de ministres, et un plus grand nombre encore d'employés subalternes. Qui en doute aujourd'hui à la vue de l'état actuel de nos finances ? Au reste, qu'avait le Christ pour accomplir sur terre la grande, la haute, la sublime mission qui lui avait été confiée et qu'il a remplie si dignement pour l'avantage et le bonheur de l'humanité ? La pauvreté ! Qu'avait encore saint Vincent de Paul, cet autre bienfaiteur des hommes, pour créer tant et de si utiles institutions ? La pauvreté encore !

DEUXIÈME PARTIE.

PROGRAMME.

> La société ne peut demeurer dans l'immobilité :
> il faut qu'elle marche ou qu'elle recule ; et assu-
> rément mieux vaut marcher que de reculer.

MES CHERS COMPATRIOTES,

Je me laisse pour ainsi dire entraîner comme malgré moi par l'ardeur de mon patriotisme ! Et puisque j'ai tant fait de vous parler de ma candidature, il faut que je vous fasse ma profession de foi de plus en plus explicite. Ce sera pour ceux qui, dans la crainte de se compromettre, n'osent pas vous parler.

Je m'offre, je me présente tout d'abord comme intermédiaire entre la classe riche et la classe pauvre.

Et si je suis élu représentant, voici le programme que je suivrai invariablement, programme qui découle tout naturellement de la devise que j'ai adoptée et que j'ai placée en tête de cette profession de foi.

PROGRAMME.

1° J'adhère de cœur et d'âme au beau manifeste que Lamartine a adressé le 2 mars 1848 aux puissances étrangères.

2° J'adhère encore franchement à la constitution que l'assemblée constituante vient de nous donner ; mais je la crois susceptible d'importantes modifications.

1° Gouvernement.

Je voudrais le maintien, la consolidation, la consécration même, pour et à jamais de la République, de ce beau, de ce juste, de cet impartial gouvernement, de ce gouvernement de tous par tous ; de ce gouvernement seul possible aujourd'hui avec nos mœurs actuelles, et avec le degré d'éducation où se trouve maintenant la nation française ; car, quoi qu'on en puisse dire, le gouvernement des royautés, même les plus constitutionnelles, est le gouvernement des priviléges et de l'injustice !

Et l'injustice et le privilége ne sont absolument plus possibles aujour-
d'hui, avec un peuple émancipé comme l'est le peuple français, par
l'instruction et la victoire, et qui enfin a l'intelligence de sa force, et je
dirais presque de sa toute-puissance.

Quoi ! nous sommes à peine sortis de l'abîme des révolutions, l'orage
gronde encore sourdement, que déjà on cherche, pour de vils intérêts
personnels, pour de vains titres, pour d'injustes priviléges, on cherche
à nous y replonger de nouveau et peut-être pour jamais.

Ah ! je ferai ici un noble appel à tous les bons citoyens, à tous les vrais
Français, et je leur adresserai ces seuls mots : *Mes amis, la patrie
avant tout !*

O vous, qui ne respirez qu'après la royauté, dites-moi, qui donc enfin
voulez-vous couronner pour votre roi ?

Est-ce le duc de Bordeaux, cet héritier de l'ex-droit divin ? Hélas !
voudrait-on reculer d'un siècle !

Est-ce le jeune comte de Paris, ce prince encore dans l'enfance ?
Quoi ! une régence en France, au XIXe siècle ; quel anachronisme politique !

Est-ce le prince de Joinville, ce jeune brave qui donnait quelques
belles espérances ? Mais où sont tous les nombreux partisans qu'il lui
faudrait pour arriver à la royauté ?

Est-ce enfin Louis-Napoléon Bonaparte, cette ombre si pâle du grand
homme ? cœur noble et généreux, si vous voulez, mais qui, malheu-
sement pour lui, pour la France, et même pour l'Europe, s'est laissé
et se laisse encore influencer, dominer et entraîner par la réaction.

Partisans de la monarchie, je vous le demande ici sincèrement : auquel
de ces prétendants voulez-vous donc enfin donner le sceptre royal,
cette vraie main de fer chargée de conduire et châtier les peuples pendant
leur enfance, enfance que par intérêt on cherche tant à prolonger.

Etes-vous enfin tombés d'accord entre vous ?

Non, assurément non ! non, mille fois non !

Eh bien ! que demandez-vous donc ?

Moi je vais oser vous le dire aujourd'hui.

Vous demandez tout simplement la ruine et l'anéantissement de la
France !

Courage ! courage ! bons, honnêtes et modérés citoyens ! courage !

Ce n'est pas la couronne civique qui vous attend, mais l'abîme où,
pour comble de malheur, vous allez nous entraîner tous avec vous.

2° Composition du gouvernement.

Je voudrais aussi à la République un gouvernement logique et rationnel !

Je voudrais en conséquence une seule et unique chambre (comme
aujourd'hui), mais avec un pouvoir exécutif né de la majorité de cette
rhambre, marchant toujours avec la majorité de cette chambre, et se
cetrempant de temps en temps dans la majorité de cette même chambre.

Car une autre composition du gouvernement républicain (telle serait bien celle existant actuellement), c'est l'anarchie toute pure; ce sont deux têtes pour un seul et même corps, c'est par conséquent un véritable monstre politique, qui ne peut faire que végéter, s'il ne meurt pas bientôt.

De cette manière, on aurait un corps compacte et homogène, et non, comme actuellement, une espèce d'hydre, presque toujours hérissée.

Ne vaudrait-il pas mieux cent fois avoir un gouvernement monarchique et même despotique (si cela était encore possible) qu'un gouvernement républicain ainsi dénaturé.

Soyez donc sincèrement républicain, ou retournez à la royauté (si vous le pouvez); mais pas de comédie !

3° Traitement.

Je voudrais encore le traitement du chef du pouvoir exécutif réduit à cent mille francs.

Et voici pourquoi :

Sous une République, sous un gouvernement qui demande tant de probité et d'intégrité, il faut que le chef montre, le premier, l'exemple du désintéressement et non celui de la corruption.

Et que signifient, par exemple, ces six cent mille francs de représentation demandés par le gouvernement et votés par la chambre à une assez faible majorité il est vrai ?

N'est-ce pas de la pure, pure corruption !

Laissez faire la réaction, laissez entièrement libres nos *honnêtes et modérés* conservateurs (d'*iniquités*), et bientôt le président actuel, s'il ne se fait pas roi ou empereur (alors ce serait encore pis !), ou plutôt s'il ne succombe pas sous les coups de la tempête politique que les partis royalistes préparent, aura, comme le dernier de nos rois, douze petits millions de traitement, sans compter les accessoires.

Aussi,

Peuple, travaille! travaille! sue! sue! sang et eau ! pour voir ainsi piller et dévorer honteusement les fruits de tes sueurs.

Président de la République !

Président de l'assemblée nationale !

Ah! ne faites pas tant danser et valser, tandis que le peuple souffre!

Ah! ne dansez et ne valsez pas autant non plus vous-mêmes, tandis que la société est encore dans le chaos.

Car, en dansant, je veux dire en valsant, ont s'entourne, et très souvent l'on tombe !

Simple avis !

Je voudrais une même réduction proportionnelle pour tous les traitements des fonctionnaires de la République (sans en excepter les représentants), jusqu'au traitement modeste, mais nécessaire, de douze cents francs.

Car il ne faut jamais servir sa patrie pour un vil intérêt personnel, pour l'amour impur de l'or, mais seulement par dévouement et pour l'honneur.

Je voudrais enfin l'abolition des sinécures, des doubles emplois et du trafic honteux des charges de l'état.

La corruption est évidemment la maladie, le fléau, la peste de la société actuelle ; il faut donc de toute nécessité prendre le mal à sa source et le couper jusque dans ses racines les plus profondes.

Mais je ne le sais que trop.
Transformer subitement une société corrompue en une société probe et intègre ;
C'est là assurément le difficile !
Aussi ,
Législateurs, à l'œuvre tout aussitôt !

4ᵇ Elections.

Malgré tous les efforts de la réaction, il nous reste cependant encore quelque chose de la révolution de février : un droit, le droit électoral, droit qui est à mes yeux le plus puissant levier que possède aujourd'hui le peuple français ; car avec lui, avec ce droit, le peuple peut en un jour, en un seul jour, oui, en un seul jour, avec les balles légères et surtout si inoffensives des bulletins, renverser totalement le vieux monde, monde d'injustices et d'iniquités ! le vieux monde, qui craque, qui s'affaise, qui croule en ce moment de toutes parts, et en édifier un tout nouveau, un monde où règneraient l'équité et la justice, et par suite un ordre parfait et une tranquillité inaltérables ; droit aussi que certains électeurs censitaires, regrettant les injustes priviléges et se targuant toujours de leur ex-noblesse, nous envient encore bien aujourd'hui, non qu'ils en soient privés, mais parce qu'ils voudraient injustement en être, les égoïstes ! comme par le passé, seuls privilégiés, et sur lequel droit ils s'apprêtent déjà à mettre une main impie et criminelle. (Mais qu'ils prennent bien garde d'être pris au piége qu'ils tendaient pour d'autres !) Ne leur en voulons cependant pas trop, à ces généreux et bons citoyens ; car, pour être juste, il faut bien l'avouer avec eux, c'est vraiment une indignité, une monstruosité même, de voir un simple cultivateur, payant de cent à deux cents francs près ; un pauvre vigneron, payant de vingt-cinq à cent francs ; un malheureux artisan payant de un franc à vingt-cinq francs d'impôt ; de voir prêtres et militaires, avocats et médecins, notaires et juges, huissiers et percepteurs, professeurs et instituteurs, etc., avoir le même poids, absolument le même poids dans la balance électorale, que ces grands et importants personnages, dorés, argentés, cuivrés et quelquefois titrés ! Vous riez, citoyens électeurs de cent quatre-vingt-dix-neuf francs et demi, plus encore un quart (car chez nous, ci-devant, c'était un centime qui rendait électeur, c'est-à-dire qui le complétait !) et au-dessous, vous riez. C'est cependant ce que pensent un bon nombre d'électeurs de l'ancien régime, de ce régime si puant de corruption. Eh bien! mes chers compatriotes, hâtons-nous de jouir avec le plus vif empressement, et même dans toute son étendue et ses prérogatives, mais surtout avec fruit, de notre droit électoral, et cela, dans la prévision seulement, d'une prochaine privation, interdiction de ce droit saint et sacré, de ce droit surtout à jamais inaliénable ; car, voyez-vous, en réaction, on marche presque aussi vite qu'en bateau à vapeur, qu'en chemin de fer ; et vous savez, et vous n'ignorez pas que la bonne et sainte réaction est depuis déjà bien long-temps en marche. Mais laissons-la à son aise et au gré de ses fantaisies, laissons-la brûler les distances dans sa marche rétrograde. Assurément, chauffée à toute vapeur comme elle l'est, elle ne peut plus s'arrêter qu'au débarcadère, c'est-à-dire au port silencieux et sinistre du despotisme. Reste à savoir, et c'est ici l'important, reste à savoir si la France, la noble et grande France, qui a déjà tant et si glorieusement combattu pour la liberté, se contentera d'un gouvernement du XVIIe siècle, de ce gouvernement de la barbarie !

J'en doute fort et très fort.

Je voudrais donc, de toutes les forces de mes convictions et de mon énergie, le maintien du suffrage universel, tel à peu de chose près qu'il vient d'être établi par le vote de la première des lois organiques, non-seulement pour les élections des représentants, mais encore pour toutes les autres élections généralement quelconques. Et je déclare, et je soutiens ici à l'avance, que les représentants que nous allons nommer, que les mandataires que nous allons constituer, n'auront jamais le droit légal d'abolir le suffrage universel ; car nous, électeurs, nous n'entendons nullement et aucunement donner à ces représentants les pouvoirs de nous tuer, de nous anéantir moralement et politiquement, et j'ajoute que, s'ils venaient malheureusement à le faire, ils mériteraient d'être immédiatement traduits à la barre du tribunal suprême du peuple, pour abus de confiance, d'autorité et de pouvoir. S'ils étaient donc assez aveugles, assez insensés pour le tenter, pour le faire, oui, je le déclare ici ouvertement, l'insurrection serait un impérieux devoir, serait de toute et absolue nécessité, parce qu'il n'appartient, dans tous les temps et à toutes les époques, qu'à des despotes, qu'à de véritables fripons, oui, prononçons le mot sans crainte, de mettre effrontément une main criminelle sur les droits saints et sacrés du peuple.

La révolution de février s'est faite en quelque sorte uniquement pour obtenir la réforme électorale ; il ne faut par conséquent plus, à l'avenir, fournir d'occasions à de nouvelles révolutions, car, pour le moment où elles éclatent, elles font toujours trop de mal au peuple, les révolutions !

Gouverneurs, marchez donc toujours d'accord avec l'esprit de la nation que vous dirigez ; cédez sagement et prudemment les rênes quand il le faut, et vous ne verrez bientôt plus de révolutions.

Je voudrais encore que l'élection des représentants se fît, non par dé-partement, comme aujourd'hui, car c'est le moyen de ne jamais connaître parfaitement les personnes pour lesquelles on vote, mais par arrondissements électoraux, comme cela se faisait ci-devant. Alors chacun serait à peu près à même de juger par lui-même du mérite de la personne qu'il désignerait pour être représentant.

Cette réforme, ou plutôt cette modification dans la loi électorale, est à mes yeux d'une nécessité absolue.

Je voudrais que tout citoyen français qui négligerait par trois fois consécutivement, et sans excuse valable, de remplir son droit d'électeur, en fût privé définitivement par la loi, et je voudrais encore qu'à cette privation fût attachée une affaire de flétrissure.

Je voudrais enfin qu'aucune loi importante ne fût votée à l'assemblée nationale qu'avec une majorité des deux tiers des représentants.

Qui ne me comprends?

En effet :

Quelle force morale voulez-vous qu'aient des lois votées souvent à la faible majorité d'une voix !

Oui, il faut maintenir le suffrage universel, mais il faut en même temps éclairer le peuple par une éducation toute républicaine, afin qu'il soit à même de profiter avantageusement de ce grand droit.

Oui, il faut que dorénavant nous n'ayons plus pour ainsi dire dans notre société qu'une seule espèce de combat, le combat du scrutin, ce combat où ne retentit jamais le bruit sinistre des armes, le bruit terrible du canon, ces grandes voix de nos armées volant à la victoire ; ce combat où l'on ne voit ni blessés ni tués ; ce combat qui doit à l'avenir remplacer si avantageusement les autres combats toujours si meurtriers, si sanguinaires, et donner à la majorité une victoire en quelque sorte immaculée, c'est-à-dire sans tachés et surtout non souillée de sang, d'un sang fraternel ; ce combat enfin qui doit mener dans bien peu de temps, en bien peu d'années, sans troubles, sans désordres, sans secousses, sans crises, sans insurrections et sans révolutions, la société au dernier degré de perfection où elle peut atteindre ici-bas.

5° **Institutions**.

Je voudrais encore, dans chaque chef-lieu de canton, l'établissement :

1° D'un bureau de bienfaisance générale ;

2° D'un conseil cantonnal ;

3° D'un jury également cantonnal ;

4° D'une banque hypothécaire ;

5° Enfin d'une caisse d'épargnes.

L'espace si limité d'une profession de foi, ne me permet pas de développer ici le but, l'importance et la nécessité même de l'établissement de ces différentes institutions au chef-lieu de canton ; mais j'espère bientôt le faire ailleurs.

6° **Travail.**

Je voudrais encore rendre au travail son rang suprême.

Je ne voudrais plus de la royauté ignoble et corrompue des écus, mais de la royauté digne et noble du travail.

Je voudrais en finir avec l'infame, avec l'abominable usure, vrai Protée à cette époque ; avec l'usure, cette fille hideuse et déhontée de l'abîme, qui, aujourd'hui plus que jamais, à l'aide de ses mille transformations et déguisements, couvre nos villes et nos campagnes d'infortunées et innombrables victimes.

Que de fois, hélas ! Dieu seul entend les cris déchirants des malheureux que l'infernale usure a fait et fait journellement.

Je reviendrai, dans la troisième partie de ma profession de foi, sur ce sujet.

7° Droit au travail.

Je voudrais encore que le droit au travail fût inséré dans la constitution, et voici pourquoi :

Moi,

Je ne vois, je ne reconnais à chaque citoyen que trois manières différentes de pouvoir subsister, de pouvoir vivre, dans notre état social actuel :

La première, par le revenu ;

La deuxième, par le travail ;

La troisième enfin, par la charité, ou autrement dit l'aumône.

Eh bien ! spirituels législateurs, ne remarquez-vous pas qu'en interdisant le droit au travail à ceux qui n'ont pas de revenus, vous augmentez nécessairement de fait le nombre des mendiants.

Il faudrait assurément être aveugle d'intelligence pour ne pas le reconnaître.

Législateurs, quand vous élèverez-vous donc au-dessus de tous ces petits, étroits, mesquins et égoïstes intérêts, au milieu desquels vous semblez comme submergés, comme noyés ?

Quand donc vous placerez-vous d'assez haut sur ce monde corrompu pour ne pas être atteints, asphyxiés de ses miasmes, de ses exhalaisons impures ?

Je voudrais donc le maintien pour l'homme du droit au travail, droit sacré et surtout inaliénable, droit que l'homme tient directement de Dieu même, de Dieu, qui lui a dit autrefois dans la personne du premier homme :

Désormais tu mangeras ton pain à la sueur de ton front !

Est-ce assez clair ?

Et ce sont cependant des hommes qui, dans leur étroit égoïsme, veulent interdire à leurs frères ce droit précieux et divin, ce droit qui est en quelque sorte écrit en trait de feu, gravé en caractère de flamme dans toute la personne de l'homme ; et se sont des hommes qui, dans leur corruption, semblent prendre à tâche d'ajouter encore au châtiment du Seigneur, contre leurs frères infortunés, à ce châtiment commun dont ils ont la prétention de se décharger entièrement sur ces derniers ! Quelle étrange aberration de l'intelligence !

Peuple !

Meurs de faim !

Parce que c'est le bon plaisir de ces honnêtes et modérés républicains, qui se rassasient chaque jour à une table profusionnément servie, et attends patiemment, dans les tortures de la faim, qu'ils aient enfin la généreuse bonté de te permettre le travail.

O cœur humain !

Mais en vérité, tu es un véritable abîme de perversité et de barbarie !

O hommes !

Mais, avec votre cruel, impitoyable égoïsme, vous devenez certainement pis que les animaux les plus sauvages ! Vous vous montrez assurément plus durs, plus féroces que les hyènes, que les chacals !

O riches égoïstes du siècle !

Vous êtes au milieu de la profusion de toutes choses. Rien absolument ne vous manque, et cependant, loin de tendre une main bienfaisante à vos frères malheureux, vous allez jusqu'à leur enlever leur droit au travail ; c'est-à-dire que non-seulement vous ne voulez pas les secourir de votre abondance, de votre superflu, mais encore vous ne voulez pas leur permettre de le faire eux-mêmes. Que dis-je ! Mais votre principale et pour ainsi dire unique occupation de chaque jour, de chaque heure, de chaque minute, n'est-elle pas d'agrandir votre fortune, déjà colossale, des misérables dépouilles du peuple.

Ah ! riches égoïstes !

Amassez, entassez, cumulez !

Et tout-à-l'heure le choléra, cet ange exterminateur du Seigneur, viendra vous jeter, avec vos crimes pour seule et unique défense, entre les mains du Dieu vivant.

Et vous êtes des êtres humains !

Et vous croyez à l'Evangile du Christ !

Et vous avez foi en une autre vie !

A une vie où l'homme sera récompensé selon ses mérites , et puni selon ses crimes !

Ah ! tremblez !

Voici bientôt venir le jour de la vengeance du Seigneur !

Et écoutez déjà à l'avance votre future sentence :

« Ensuite Dieu dira à ceux qui sont à sa gauche : « Retirez-vous de
» moi, maudits, et allez dans le feu éternel qui a été préparé pour le
» démon et ses serviteurs, car j'ai eu faim, et vous ne m'avez pas donné
» à manger ; j'ai eu soif, et vous ne m'avez pas donné à boire ; j'étais
» nu, et vous ne m'avez pas revêtu ; j'étais malade, et vous m'avez
» laissé souffrir ; j'étais en prison , et vous n'êtes pas venu me voir.

» Je vous le dis, en vérité, toutes les fois que vous avez manqué de
» faire ces choses au moindre de vos frères, vous avez manqué de les
» faire à moi-même. »

Cela est écrit dans le livre divin. (Voyez Math., ch. 25, v. 4, 5 et suiv.)

Je ne me permets de citer ici l'Evangile, que parce que certains mauvais riches du siècle, afin de mieux tromper le peuple, invoquent parfois la voix auguste et toujours si puissante de la religion pour défendre leurs vils intérêts.

Mais qui aujourd'hui se laisserait surprendre par cette nouvelle espèce de supercherie, de tartuferie !

Il faudrait assurément avoir reculé d'un siècle.

Et dire que quelques membres du clergé, il est vrai et fort heureusement en bien petit nombre, que certains ministres du Christ, de ce Dieu du pauvre peuple, se liguent, se coalisent aujourd'hui contre les pauvres, avec les riches égoïstes, ces oppresseurs avoués et reconnus du peuple, des malheureux ! Voilà ce qui surpasse ! voilà ce qui confond !

À ces prêtres réfractaires, ne serait-il pas bientôt temps d'adresser aussi les mêmes paroles que le Christ adressait autrefois aux pharisiens :

« Mais malheur à vous, scribes et pharisiens hypocrites, parce que
» vous fermez aux hommes le royaume des cieux, et n'y entrez pas ;
» et n'y entrant pas, vous n'y laissez pas entrer !
» Malheur à vous, scribes et pharisiens hypocrites, qui dévorez les
» maisons des veuves à l'aide de vos longues prières ; c'est pour cela
» que vous subirez un jugement plus rigoureux !
» Malheur à vous, guides aveugles, qui dites : « Quiconque jure par
» l'autel, n'est tenu à rien ; mais quiconque jure par le don qui est sur
» l'autel, est engagé. »

On trouve encore ces paroles dans le livre de Dieu, à l'Evangile de saint Mathieu, ch. 23, v. 12 à 18.

S. Communes.

Je voudrais encore l'émancipation des communes, des communes qui sont aujourd'hui encore dans une véritable tutelle ; je voudrais donc, pour cela, l'augmentation, s'il était nécessaire, des membres des conseils municipaux, ou mieux encore, un conseil supplémentaire qui se réunirait au conseil fonctionnant, pour délibérer sur les choses graves, importantes, sur les affaires d'un grand intérêt.

Je voudrais, et c'est ici le lieu et l'occasion de le dire, je voudrais de toutes mes forces morales, et même de tout mon cœur et de toute mon âme, la suppression entière de la mendicité dans toutes les communes de la République ; je voudrais l'extinction définitive de cette plaie honteuse de la société et de cet opprobre du catholicisme.

Je voudrais que le cœur humain ne fut plus à l'avenir affligé de la vue de l'infortuné, du pauvre mendiant, le plus souvent un vieillard, invalide du travail, courbé sous le poids toujours si lourd de l'âge et des infirmités, chantant au plus fort de l'hiver, par la neige et les frimats, d'une voix faible, tremblante et toujours navrante, sa misère aux portes des heureux.

Car la société qui se repaît d'un tel spectacle est digne de toutes les
malédictions du Seigneur.

Aussi, que voyons-nous ?

Des fléaux de toutes espèces qui, s'ils ne sont pas les avant-coureurs,
les pronostiques (et j'en doute fort) de la fin, de la dissolution prochaine
du monde, viennent au moins punir la société, non pas, comme cer-
taines personnes le pensent, de son amour et de ses luttes pour la liberté, mais de son égoïsme, mais de sa dureté pour quelques-uns de
ses membres.

Je voudrais dans toutes ces mêmes communes l'établissement d'un
bureau de bienfaisance particulier, qui rayonnerait, qui se lierait au
bureau de bienfaisance central et cantonnal.

Je voudrais encore que tout homme trouvât, à son entrée dans ce
monde, un asyle; pendant son enfance, une nourriture matérielle et
intellectuelle, et pendant le reste de sa courte et misérable vie, un coin
de terre et quelques outils, pour être à même de subir la peine que le
Seigneur lui a infligée.

Qu'on le sache une fois pour toutes : l'extinction entière de la mendicité et l'établissement de bureaux de bienfaisance cantonnaux et communaux, seraient, par le temps qui court, un des principaux, si ce
n'est même l'unique remède à la tendance des populations au communisme, au communisme qui, si on n'y prend bientôt garde, envahira
toute la société.

Riches opulents, faites donc quelque chose pour le peuple, et il vous
laissera en repos dans vos vastes domaines !

Je prends encore l'engagement ici de fournir à la chambre des moyens
prompts et efficaces pour l'entière extinction de la mendicité et la création de bureaux de bienfaisance.

9. Impôts.

Je voudrais encore ramener le budget à se balancer à un milliard
près, et cela est facile, très facile.

Je voudrais, non l'impôt proportionnel, qui existe soi-disant aujour-
d'hui, et qui n'est que le premier pas dans la voie des améliorations,
mais l'impôt sur le revenu, le mode d'impôt le plus juste et le plus
rationnel.—Mais, comme je doute fort qu'on puissse l'établir immédiatement, je voudrais en attendant, comme par transition, une autre
division d'impôt que celle actuelle.

Je voudrais qu'on divisât en trois grandes classes principales tous les
impôts :

La première classe (la plus importante) comprendrait l'impôt sur le
revenu, tant foncier que mobilier;

La seconde classe, l'impôt sur le travail tant manuel qu'intellectuel
(impôt qui devrait à la fin disparaître entièrement); mais je voudrais

ici, ce qui serait assurément de toute justice, que l'impôt sur le travail fût infiniment moindre que celui sur le revenu.

Enfin la troisième classe, l'impôt sur les oisifs, les paresseux; et pourquoi pas? car si l'on impose le travailleur qui est utile à toute la société, pourquoi, je le demande, n'imposerait-on pas celui qui est un membre inutile pour la société, si toutefois même il ne lui est pas nuisible?

De là plus d'iniques patentes.

Je voudrais enfin que celui qui a de la peine à vivre et à faire vivre sa famille, souvent jeune et nombreuse, d'un travail laborieux et en quelque sorte incessant, fût entièrement exempt d'impôts.

Et cela serait de toute justice.

Oui, il faut absolument que la société actuelle se mette de suite et activement à l'œuvre; il faut qu'elle connaisse enfin positivement la profonde misère de quelques-uns de ses membres, et qu'elle s'efforce d'y apporter immédiatement un remède prompt et efficace.

C'est là assurément la seule planche de salut que nous ayons aujourd'hui.

10. Prestations.

Je voudrais encore l'abrogation de la loi sur les prestations, car je ne sache pas de loi plus injuste que celle-là. Quoi! le riche propriétaire, quoi! l'opulent rentier, qui brisent journellement les chemins vicinaux par la rentrée continuelle et incessante de leurs récoltes, sont à peine tenus à quelques journées, s'ils n'en sont pas même entièrement exempts, tandis que le petit propriétaire, le malheureux cultivateur, l'infortuné fermier, sont injustement écrasés de travaux de prestations de toutes sortes!

Est-ce de la justice cela!

Législateurs! mettez donc une bonne fois tous vos intérêts personnels de côté, quand vous entrez dans le sanctuaire de la représentation nationale, et faites-nous enfin des lois justes et équitables.

Je voudrais en conséquence que la loi sur les prestations fût entièrement révisée, et qu'elle eût au moins pour base l'impôt sur le revenu foncier.

Ah! je le répète, plus de glèbe! plus d'esclavage d'aucune sorte sur le peuple, si l'on désire que ce lion ne se réveille plus.

11. Bois communaux.

Je voudrais encore la révision de l'art. 105 du code forestier, c'est-à-dire l'abolition des usages injustes concernant la délivrance des bois communaux, et par conséquent je voudrais le partage juste et équitable entre tous les habitants d'une même commune, de l'affouage et de la haute futaie; car, procéder autrement, c'est l'abus du pouvoir, c'est le maintien des priviléges, c'est en un mot une bien criante injustice.

En effet,

S'il faut aux propriétaires de châteaux des bois de construction pour les réparations de leurs vastes et pompeux bâtiments, ne faut-il pas aussi aux pauvres de nos communes des bois de construction pour s'élever de petites et modestes chaumières?

Riches égoïstes! jusqu'à quand donc ne penserez-vous qu'à vous et à vos intérêts?

Peut-on raisonnablement s'attendre que vous serez bienfaisants, vous qui n'êtes pas même justes.

12. Terres, terres incultes.

Je voudrais encore, pour favoriser autant que possible l'agriculture, qui doit sauver la société à venir, je voudrais que l'état exemptât entièrement des droits d'enregistrement tous échanges qui auraient pour but la réunion de pièces de terre.

Je voudrais aussi que, dans tous les partages et les liquidations, il ne fût plus permis de diviser, de morceler, comme on le fait aujourd'hui, et souvent sans la moindre nécessité, et même par esprit de contrariété, de morceler les immeubles ruraux; car qui ne s'aperçoit que cette funeste coutume apporte de grandes entraves à la prospérité de l'agriculture ?

Je voudrais encore qu'on s'occupât activement de la culture de toutes les terres de la République qui sont susceptibles de production et qui sont cependant encore en friche.

C'était là, gouverneurs, qu'il fallait former vos ateliers nationaux, et non dans le centre de nos grandes populations ;

Et vous n'auriez pas eu les tristes et si sanglantes journées de juin.

Je voudrais enfin que le gouvernement de la République s'emparât d'office de toutes les terres susceptibles de production que les particuliers laisseraient incultes, en friche, pendant plus de trois années,

Car l'intérêt général doit toujours l'emporter sur l'intérêt privé.

Et d'ailleurs, à quoi servent à leurs possesseurs ces terres qui demeurent improductives ?

13. Armée et garde nationale mobile.

Je voudrais encore, qu'aussitôt que l'état calme et paisible des peuples le permettra, je voudrais une nouvelle organisation de l'armée.

Je voudrais que l'armée fût réduite, s'il était possible, à deux cent mille hommes environ, et qu'elle ne fût plus composée que de soldats de vocation, c'est-à-dire de soldats volontairement engagés, et cela se peut : je m'offre à le prouver.

Delà, plus de conscription !

Gouvernants, rendez le peuple heureux, et vous n'aurez plus besoin de tant de baïonnettes, baïonnettes qui toujours se tournent contre vous.

Thiers et compagnie, vous avez dépensé pour la construction des bastions qui étreignent Paris et le menacent sans cesse, vous avez dépensé des centaines de millions. Eh bien ! j'oserai vous le dire, si vous aviez employé ces sommes prodigieuses au bien-être des masses, à la construction d'hospices, à la fondation de bureaux de bienfaisance, vous auriez assurément plus fait pour la défense de la patrie que vous n'avez fait par la construction de toutes ces fortifications.

Sachez-le donc aujourd'hui, ce qui fait la force d'un état, ce ne sont pas les citadelles, les remparts, les fossés, etc., mais bien l'accord parfait, le bien-être des citoyens.

Et à quoi a servi, je vous le demande, à la royauté, à Louis-Philippe, cette immense ceinture de fer et de bronze ?

A rien, absolument à rien !

Ah ! soyez avec le peuple, et alors vous serez toujours assez forts, sinon vous tomberez malgré toutes vos citadelles.

Et je voudrais, pour remplacer avantageusement l'armée licenciée, je voudrais l'établissement, dans toute l'étendue de la République, d'une garde nationale mobile fonctionnant par compagnies, bataillons, et composée du double, du triple même de la partie de l'armée licenciée, à la tête de laquelle garde nationale mobile serait d'abord placée la presque totalité des officiers et sous-officiers des corps de l'armée licenciée et renvoyés à demie-solde dans leurs foyers.

14. Duel.

Je voudrais encore l'abolition définitive du duel, de cette barbare coutume qui semble de nos jours prendre plus d'extension que jamais.

Que la société prenne elle-même ouvertement et activement le parti, la défense de l'offensé, en punissant sévèrement l'agresseur, le coupable, et le premier n'aura pas la pénible tâche, tâche qui fait frissonner, de demander réparation d'honneur par le fer et le feu, en exposant sa vie, à l'homme qui l'a impunément outragé.

Je ne sais si je me fais illusion, mais je crois qu'il serait très facile d'en finir avec cette barbare coutume.

Mettez hors la loi, privez de ses droits civils et politiques celui qui se livre à des injures, à des outrages, à des excès contre ses concitoyens, et vous en aurez bientôt fait avec le duel.

Faites par vos lois que la honte, qui s'attache encore aujourd'hui à l'offensé, retombe de tout son poids sur l'offenseur.

15. Avocats.

Ah ! je voudrais encore que les avocats ne pussent plus plaider pour une cause qu'après un mûr examen ils jugeraient et sauraient mauvaise ; et je voudrais que, s'ils venaient à le faire, ils fussent soumis à des peines disciplinaires très sévères, si ce n'est même, pour certains cas, à l'interdiction.

Voici pourquoi :

En plaidant pour une mauvaise cause, pour une cause injuste, l'avocat commet en quelque sorte une infamie, puisque sciemment il expose, par son éloquence, la partie qui a tous les droits à perdre son procès.

N'est-ce pas en quelque sorte se faire complice d'un malfaiteur?

N'est-ce pas d'ailleurs fausser et renverser à sa fantaisie toutes notions de justice et d'équité?

Je livre avec plaisir cette proposition à l'examen et à l'appréciation de nos futurs législateurs.

16. Assurance.

Je voudrais encore que le gouvernement de la République fît de l'assurance, industrie jusqu'alors privée et exploitée uniquement et si avantageusement par les gros et gras capitalistes, une institution nationale et sociale.

Assurément ce ne serait pas là du monopole, puisque cette institution serait à l'avantage de tous.

Que de bien cette institution ferait, et surtout que de crimes elle empêcherait!

Je voudrais d'ailleurs qu'on laissât, comme par le passé, toute liberté d'action aux compagnies d'assurances établies et fonctionnant aujourd'hui, car moi, je veux la liberté (la liberté toutefois juste et rationnelle) en tout et partout. Oui, plus de despotisme! plus de tyrannie!

17. Instruction publique.

Je voudrais encore l'éducation publique et gratuite pour tous les enfants de la République sans exception.

Je voudrais que cette éducation fût, autant que possible, religieuse.

Je voudrais l'amélioration si urgente et tant désirée de la position des instituteurs, surtout de ceux de seconde et de troisième classes.

Je voudrais aussi, quoi qu'on en puisse dire, liberté entière et complète de l'enseignement pour ceux qui la désireraient;

Car c'est une conséquence logique de notre gouvernement républicain.

Plus de monopole exclusif en fait d'instruction, pas plus que dans le commerce.

Tout monopole est enfant du despotisme et non de la liberté.

Et la République veut la liberté.

18. Politique.

Sur cette question, je garderai aujourd'hui un profond silence, silence, chez moi, non le produit de la crainte, mais bien le fruit de la douleur, et d'une douleur amère, poignante.

D'ailleurs, trop d'indignation est en ce moment dans mon âme pour que je puisse présentement m'expliquer ouvertement sans dépasser les bornes d'une sage modération.

Seulement deux mots :

Qu'avez-vous fait, Barrot-Faucher-Falloux?

Vous n'avez pas voulu permettre que les Barbares du nord égorgeassent l'héroïque peuple italien, notre frère, mais vous l'avez fait vous-même avec les armées de la République, sœur aînée de la république romaine.

O honte à jamais pour la France, ou plutôt pour ceux qui ont ordonné une telle action !

Président de la République!

Vous abandonnez, n'est-ce pas, la cause sacrée des peuples pour soutenir la cause impie des rois, des despotes !

Eh bien ! sachez-le : dès aujourd'hui comme eux vous allez disparaître si vous ne changez pas bientôt, si vous ne changez pas immédiatement de politique ; et il est plus que temps.

C'est le dernier avis d'un citoyen qui vous annonça, huit jours avant les élections présidentielles, votre prochain avènement au pouvoir.

Ah ! si du moins vous aviez compris tout ce qu'il y avait de dévouement pour votre personne dans les quelques conseils indirects qu'il s'était permis de vous adresser alors !

Et toi, souverain pontife !

Et toi, vicaire du Dieu de paix !

N'aurais-tu pas dû plutôt cent fois mourir que d'allumer la guerre civile dans ta patrie !

N'aurais-tu pas dû plutôt mille fois renoncer à une fragile couronne temporelle dont le Christ, ton si beau modèle, n'a jamais voulu, que de parvenir au trône en passant sur des monceaux de cadavres de tes enfants !

Ignores-tu donc qu'une telle royauté est abominable aux yeux du Seigneur ?

Mais je connais ton cœur.

Non, non, ce n'est pas toi qui as conseillé de pareilles infamies !

Tu n'est plus libre aujourd'hui ; les suppôts de l'enfer t'entourent, t'emprisonnent, te rendent captif.

Malheur donc, et mille fois malheur à ceux qui tourmentent, qui torturent ainsi ton cœur généreux !

Bientôt je ferai connaître mon opinion sur cette fameuse question italienne.

19. Ordre.

Ah ! oui, je voudrais l'ordre, et même l'ordre parfait,
Mais je voudrais l'ordre dans l'ordre, c'est-à-dire l'ordre ayant sa source dans la justice et se reposant en elle avec confiance et sécurité.

Gouvernants, établissez d'abord le règne de la justice sur la terre, et alors vous n'aurez assurément plus de désordre, plus de sédition plus, de révolution.

Je reviendrai sur cette question dans la troisième partie.

RÉSUMÉ.

Je voudrais toutes les libertés, toutes les améliorations, tous les progrès qu'on peut si facilement obtenir sous le beau et impartial gouvernement républicain, mais gouvernement qu'aujourd'hui on dénature au point de n'être plus qu'une véritable dérision.

Je voudrais encore l'établissement de lois qui tendraient fortement, puissamment à détruire autant que possible le froid et glacial égoïsme (cet amour exclusif du soi aux dépens des autres), et à rehausser et élever le dévouement et la bienfaisance de tous les citoyens.

Je voudrais en quelque sorte une grande famille nationale, sans préférences injustes entre ses enfants, et dont les membres, plus ou moins riches, se regarderaient comme les enfants du même père, Dieu; comme frères issus de la même mère, la patrie; et au lieu de se piller et voler plus ou moins adroitement, ainsi qu'ils le font aujourd'hui, se prêteraient de mutuels et fraternels secours. D'ailleurs, c'est là le véritable esprit de l'Evangile, et c'est là encore le seul socialisme possible.

Je voudrais enfin que le règne de Dieu succédât au règne de Satan, c'est-à-dire que le règne de la corruption fît définitivement place à celui de la probité.

Je voudrais en un mot la réalisation pleine et entière de ma devise : *Tout pour l'humanité! Tout pour la justice!*

Quant à la religion, je l'honore d'un trop profond respect, et j'ai pour elle une trop grande vénération pour ne pas faire tout ce qui dépendrait de moi pour son maintien et encore pour sa propagation. Mais une chose que je voudrais encore de toute l'ardeur de mes convictions, c'est l'entière abolition du casuel, qui devient une source d'irréligion dans nos campagnes.

Je voudrais cette importante et en quelque sorte nécessaire réforme, en augmentant encore de quelque chose le traitement du bas clergé, et en diminuant proportionnément celui du haut clergé.

Pour l'agriculture, cette mère nourricière de la société, elle serait assurément l'objet de mes plus vives et incessantes sollicitudes; et je demanderais pour elle la création de toutes les institutions qui seraient à même de la faire prospérer.

Il en serait de même du commerce.

Propositions.

Mes chers compatriotes,
Si vous me confiez vous pouvoirs politiques, je m'engage d'honneur,

par la présente profession de foi, à faire, dans le cours de la session prochaine, à la chambre législative, entre autres propositions, les cinq propositions suivantes :

Une première proposition pour l'abolition entière de la mendicité et la création de bureaux de bienfaisance communaux et cantonnaux. J'en fournirai les moyens, et je mettrai la chambre en demeure de donner cette année exécution à cet important projet.

Une seconde proposition pour le partage par portions égales entre tous les citoyens d'une même commune, de l'affouage et de la haute futaie.

Une troisième proposition pour l'abrogation de la loi actuelle sur les prestations, et pour l'établissement d'une nouvelle loi basée au moins sur l'impôt foncier.

Une quatrième proposition pour la création d'un jury cantonnal.

Enfin une cinquième proposition pour l'établissement d'une caisse d'épargnes cantonnale.

Que chaque député, que chaque futur représentant arrive à la chambre avec un semblable itinéraire, et surtout avec la bonne volonté et la ferme résolution de travailler uniquement pour la justice et l'humanité, et je puis dès aujourd'hui assurer à la France que l'âge d'or des anciens temps renaîtra parmi nous.

TROISIÈME PARTIE.

MES OPINIONS

SUR DIVERS SUJETS A L'ORDRE DU JOUR.

Art. 8. Les citoyens ont le droit de s'associer, de s'assembler paisiblement et sans armes, de pétitionner, de manifester leurs pensées par la voie de la presse ou autrement.

(*Constitution française.*)

1. Religion.

C'en est donc fait, voilà

Que le grand procès du ciel avec la terre est entièrement plaidé, est définitivement jugé !

Que l'étonnante, l'insensée, l'incompréhensible accusation portée par le XVIIIe siècle contre Dieu et son Christ, est rejetée avec dédain, avec mépris, avec pitié, et même avec horreur par le XIXe siècle !

Qu'à la gloire de notre immortelle époque, le Tout–Puissant a été replacé, s'il peut être permis de s'exprimer ainsi, par les hommes de ces temps modernes sur son trône éternel, d'où toujours et sans cesse, malgré l'insensé athéisme, malgré l'audacieuse impiété, malgré le délire effréné de l'homme impie, il a gouverné et gouverne les soleils et les mondes sans nombre, inénarrables, semés avec tant de profusion dans l'immense étendue des cieux, d'où toujours et sans cesse il a gouverné et gouverne ces étonnantes et incompréhensibles merveilles avec tant de grandeur, de puissance, d'harmonie et de majesté !

Enfin, que pour le bonheur de tous le Fils du Très-Haut est apparu de nouveau au monde comme son sauveur, comme son divin roi, et que sa croix sainte et sacrée, signe touchant de sublime dévouement, emblème éternel d'ardent amour, un instant voilée à la terre par les nuages ténébreux d'une audacieuse impiété, a brillé de nouveau et avec plus d'éclat que jamais au milieu de notre société civile et religieuse, au milieu des nations modernes; car cette croix, auguste et divine, ne la voit–on pas actuellement partout, et au haut de nos édifices nationaux, et dans

l'enceinte sacrée de nos temples religieux, et dans le sanctuaire silencieux de nos redoutables tribunaux, et dans l'intérieur de nos ma-
jestueux palais et de nos modestes chaumières ; car, cet étendard sacré,
ne l'aperçoit-on pas toujours et partout ? et dans les vastes et profondes
plaines de nos riches campagnes, et jusqu'au plus haut sommet de nos
belles collines et de nos majestueuses montagnes, et encore même jusque
dans les profondeurs de nos sombres et immenses forêts. Oui, partout,
et nous ne craignons pas de le proclamer, partout la croix du Christ se
montre, apparaît et rayonne aux regards attendris des hommes, pour
être à tous un objet de reconnaissance, de consolation, d'espérance et
d'amour !

Les jours d'épreuves, de tourmente pour la religion, sont donc définitivement passés.

C'en est donc fait de cette hideuse, de cette épouvantable philosophie
du XVIIIᵉ siècle, un instant monument colossal, fort gigantesque, nouvelle tour de Babel, mais dont les immenses débris, les hideuses ruines,
ô pitié pour elle ! couvrent entièrement le sol volcanique de ce siècle, et
semblent attester de l'insigne égarement, de l'insigne folie de quelques
hommes d'alors ; car, qui désormais, après la chute honteuse et terrible
du chef de l'impiété, de Voltaire, cet homme prodigieux en science et
en talents qu'il a si souvent mal employés ; cet homme tantôt si grand et
tantôt si petit ; cet homme parfois si sublime et parfois si pervers ; cet
homme orgueilleux à l'excès, et qui, dans le délire de la fièvre morale,
n'appelait le plus précieux don du ciel, la religion, que l'*infame ! !* qui,
à l'avenir, osera jamais reprendre les hostilités contre le ciel, après le
foudroiement du chef colossal des impies ? Oui, elle devait assurément
périr, disparaître à jamais de la terre, cette auguste religion du Christ,
par les coups, de foudre en quelque sorte, que le géant lui portait sans
cesse avec tous ses satellites ! oui, elle devait périr alors, où elle ne ces-
sera jamais d'exister, de vivre (1) !

Ce n'était donc alors qu'un moment d'orage, et l'on vit bientôt après
le ciel moral s'éclaircir et se séréniser de nouveau, et à peine si maintenant on entend encore les dernières vibrations, les mourants murmures
de la tempête se prolongeant seulement par quelques faibles échos, qui
vont expirer et mourir entièrement, et à jamais.

Il ne savait donc pas, cet homme étonnamment impie, extraordinai-
rement orgueilleux, qui voulait tout simplement remplacer le Christ sur
la terre, il ne savait donc pas que l'Homme-Dieu, le fils de Jéhova, le
Dieu fort et terrible, un jour, tandis qu'il s'entretenait confidentiellement
avec ses disciples, a dit à Pierre, l'apôtre zélé :

« Tu es Pierre, et sur cette pierre je bâtirai mon Église, et les portes
» de l'enfer ne prévaudront point contre elle. »

----

(1) Je le sais, et je m'empresse de lui rendre justice, Voltaire, justement indigné
de tant d'abus qui régnaient au sein même du catholicisme, a voulu, et avec raison,
saper ces abus, les détruire entièrement ; mais il n'a malheureusement oublié qu'une
chose, et la chose cependant la plus importante, c'était de savoir dégager le véritable
christianisme des nombreux abus qui bien souvent lui servaient alors et lui servent
quelquefois encore de cortége. S'il eût su faire cette belle distinction, sa gloire aujour-
d'hui n'aurait peut-être pas de bornes !

Promesse divine,

Promesse de celui qui est sorti puissant et radieux des profondeurs du tombeau où son amour pour les hommes, et encore nos crimes, l'avaient fait descendre au milieu d'un cortége nombreux et effrayant de douleurs et de tourments.

Il avait donc oublié, l'insensé, malgré toute sa vaine science, il avait donc oublié que les paroles d'un Dieu ne peuvent un instant faillir.

Pour nous, ne l'oublions jamais !

2. Rois.

Au temps où nous vivons,

. . . .

Les couronnes se brisent,
Les trônes croulent,
Et les rois s'en vont ;
Et avant quelques années, tous auront disparu du sol brûlant de l'Europe.

Et les républiques démocratiques et sociales surgissent partout, d'abord isolées, puis bientôt après réunies, fédératives, puis enfin confondues dans une seule et même république, la République universelle.

Ce sera alors le commencement du règne de Dieu et de sa justice, règne que les hommes iront continuer avec les bienheureux dans le ciel.

Peuples, rassurez-vous !
Ne craignez aucunement le Despote de toutes les Russies !
J'ai vu au ciel son étoile pâlir.
Déjà le sol tremble sous ses pas ;
Déjà lui-même frissonne d'épouvante.
Encore un peu de temps, et il aura disparu comme les autres !

Ah ! qu'ils sont insensés,
Ceux qui songent encore au rétablissement de la royauté en France !

3. Amnistie. — *Rapport de la loi et du décret de bannissement.*

Qu'il me soit permis de rapporter ici les propres paroles du président de la République à ses concitoyens, contenues dans son beau manifeste des premiers jours de décembre dernier.

« La République doit être généreuse et avoir foi dans son avenir.
» Aussi, moi qui ai connu l'exil et la captivité, j'appelle de tous mes vœux
» le jour où la patrie pourra sans danger faire cesser toutes les proscrip-
» tions et effacer les dernières traces de nos discordes civiles. »

Voilà bientôt six mois que ces paroles sont allées vibrer dans le cœur des infortunés proscrits, en leur donnant sans doute une lueur d'espérance.

Et jusqu'alors les exilés sont restés cloués sur la terre (toujours si triste) de l'exil, et les prisonniers politiques sont également demeurés attachés aux chaînes de leurs cachots.

Combien de temps y demeureront-ils encore ?
Dieu seul le sait !
Et l'avenir, l'insondable avenir, nous l'expliquera !

Mais il serait beau, il serait grand, il serait digne de la part de M. le président de la République, qui a connu, comme il l'avoue lui-même, qui a connu l'exil et ses douloureuses privations ; qui a goûté de la prison et de ses affreuses tortures ; il serait beau, grand et digne de sa part de prendre une généreuse initiative et de rendre ou faire rendre, à leur belle et douce patrie, et le duc de Chambord, et le duc d'Aumale, et principalement le prince de Joinville, dont la conduite jusqu'alors a été si admirable, et de rendre encore à la liberté ces malheureuses et infortunées victimes d'un enthousiasme généreux.

Je veux parler ici principalement des condamnés pour l'envahissement de mai.

Celui qui a cherché par deux fois à renverser le gouvernement constitutionnel de juillet, doit-il, peut-il avoir le courage de retenir dans ses cachots des hommes assurément moins coupables qu'il ne l'était alors ?

La République lui a rouvert les portes de la patrie, à lui, exilé ! qu'il les ouvre à son tour aux exilés français.

La royauté lui a pardonné ; qu'il soit donc humain et indulgent également.

Si le président de la République continuait à demeurer sourd à la voix touchante et si éloquente de l'humanité, je demanderais l'abrogation de la loi et du décret qui bannissent les deux branches de la maison des Bourbons ; je demanderais encore une loi d'amnistie pleine et entière pour tous les détenus et condamnés pour cause politique.

En le faisant, j'obéirais aux généreuses impulsions de mon cœur, et je serais sûr à l'avance de n'être désavoué par aucun bon et sincère patriote.

4. Travail et Capital.

Dans la société actuelle de bien grands intérêts sont en présence.
Intérêts cependant tout différents, tout opposés :
D'un côté le Capital ;
De l'autre le Travail.

Le capital, tel qu'il est établi aujourd'hui, plaie hideuse de la société présente ; le capital, source empoisonnée qui corrompt presque tous ceux qui y touchent, tous ceux qui y portent les lèvres ; le capital, nouveau fléau social du peuple !

Le travail, tel qu'il existe, nécessité de l'homme, besoin de son existence ; le travail, source féconde et intarrissable de prospérité et de bonheur ; le travail, père nourricier du genre humain !

Depuis bien long-temps déjà, une espèce de secte affreusement égoïste, au cœur d'airin et à l'âme de bronze, s'est emparé pour ainsi dire exclusivement du capital, au moyen de l'instruction dont elle a eu pendant si long-temps seule le monopole.

Et cette secte, composée pour la plus grande partie d'hommes capables, mais rusés, d'hommes intelligents, mais dissimulés, mais hypocrites, mais surtout égoïstes, à l'aide du capital, à l'aide de ce levier autrefois et encore aujourd'hui si puissant, est parvenue facilement au pouvoir, et seule, elle a fait les lois tout à son avantage.

Un instant reportons-nous par la pensée seulement à la fin du règne de Louis XV et au commencement de celui de Louis XVI.
Que voyons-nous au pouvoir?

En première ligne, *la noblesse !*
Et voici comment était composée cette noblesse :
C'étaient des hommes de cour, vivant des faveurs du prince, par conséquent des sueurs du peuple, qui briguaient et obtenaient encore les gouvernements des provinces ou les grades élevés des armées;
C'étaient des parvenus ennoblis qui avaient et dirigeaient l'administration, étaient revêtus d'intendances et exploitaient les provinces;
C'étaient encore des hommes de robe qui géraient la justice et étaient seuls aptes à en posséder les charges;
C'étaient enfin des nobles de terre qui opprimaient les campagnes par l'exercice de leurs droits féodaux, ayant survécu aux droits politiques.

Que voyons-nous encore au pouvoir?

En seconde ligne, *le haut clergé !*
Le haut clergé qui avait pour héritage les évêchés, les abbayes et leurs riches revenus, tandis que le bas clergé avait souvent pour partage uniquement les travaux apostoliques et la pauvreté.

Que voyons-nous encore au pouvoir?

En troisième et dernière ligne, *le tiers-état*, représentant le peuple;
Le tiers-état, qui était opprimé et pressuré par la cour et humilié par la noblesse, qui était de plus malheureusement séparé et divisé en espèce de corporation qui se renvoyaient maladroitement, mutuellement les méfaits et les maux qu'elles recevaient des rangs supérieurs.
C'est encore là un des tristes résultats de l'orgueil, de l'orgueil, le plus terrible ennemi du genre humain !
De là la faiblesse excessive de ce dernier ordre auprès de la force prodigieuse des deux autres.
Faiblesse et force qui avaient encore pour cause le vote par ordre qui donnait toujours la majorité à la noblesse et au haut clergé, toujours parfaitement d'accord pour opprimer et écraser le tiers-état, tout le peuple par conséquent.

Et comment se comportait et agissait ce pouvoir, ce pouvoir renfermé en quelque sorte dans les deux premiers ordres?
Ecoutez :
La noblesse et le haut clergé, à peu près la millième partie seulement de la nation, possédaient au moins les deux tiers de ses biens ;
Et le tiers-état, représentant les 999 millièmes de la nation, possédait à peine le surplus, le troisième tiers.

Eh bien !

Peuple magnanime !

Conserve ton sang-froid, si tu peux.

Eh bien !

La noblesse et le haut clergé,

O criante injustice !

Se liguent, s'unissent ensemble contre le peuple, et sinon lui impo-sent, du moins lui maintiennent exclusivement les redevances aux seigneurs, les dîmes au clergé et les impôts au roi.

Et eux, la noblesse et le haut clergé,

O ignominie !

Et eux, qui possédaient les deux tiers des biens de la nation, qui regorgeaient de richesses, s'exemptaient de toutes espèces d'impôts, et ne payaient pas une seule obole à la patrie. . . . .

Etrange politique !

Singulière justice ! de faire payer exclusivement au peuple toutes les charges de l'état, et de s'engraisser, noblesse et haut clergé, des fruits des sueurs des malheureux. . . . .

Aussi qu'est-il arrivé ?

Aussi qu'est-il résulté de tant d'iniquités ?

Peuple, tu le sais aussi bien que moi.

Ecoute néanmoins pour mémoire :

O justice tardive, mais certaine du Seigneur !

Tout-à-coup une crise politique, un tremblement social, une révolution terrible et épouvantable (89) surgissent et viennent purger la société de tant d'abominations, et viennent préparer et même commencer l'œuvre, le grand œuvre de la rédemption sociale de l'homme.

Peuple, voilà une page de ta belle et héroïque histoire que je viens de te citer. Cette page, tu la connais avant moi ; tes augustes vieillards, té-moins et même acteurs dans ce long et sanglant drame, te racontent encore parfois, pendant le cours des longues soirées d'hiver, assis au coin du foyer aux flammes pétillantes, te racontent les divers épisodes de ces temps de notre première révolution ; et les monuments nombreux, existant encore aujourd'hui, témoignent encore bien haut de ton ancienne oppression, de ta honteuse servitude, en un mot, de ton esclavage.

Mais revenons.

Chacun le sait : le capital est aujourd'hui représenté par les spécula-teurs opulents de la bourse, par les banquiers millionnaires de l'état, par les riches capitalistes de Paris et des provinces, enfin par tous les usuriers, ces infames buveurs des sueurs et souvent du sang des mal-heureux ;

Et le travail est également aujourd'hui représenté par tous les hommes

de profession et d'état en général, et en particulier par tous les cultiva-
teurs, fermiers, vignerons ; en un mot, par tous les hommes de peine et
de fatigue, c'est-à-dire par les trois quarts et les trois quarts du dernier
quart de la société.

Eh bien !
Dans la société telle qu'elle subsiste encore aujourd'hui, le capital
n'est-il pas l'antagoniste du travail, son ennemi déclaré ?
Et pourquoi ?
Je vais me permettre de le dire :
Parce que le capital, autre czar social, a usurpé, malgré son second
rang dans l'ordre social, a usurpé la souveraine autorité, qui appartenait
au travail seul, et depuis a toujours gouverné en despote le travail qu'il
regardait et regarde encore comme son esclave.
Mais les peuples opprimés ont secoué et secouent le joug des rois
despotes. . . . .
Et le travail opprimé va également secouer le joug du capital despote ;
Mais les peuples esclaves ont reconquis ou s'efforcent de reconquérir
leurs droits saints et sacrés, dont d'intéressés usurpateurs s'étaient injustement emparés ;
Et le travail esclave va reconquérir aussi ses droits saints et sacrés,
dont l'usurpateur capital s'était aussi injustement emparé.

Désormais, il faut l'espérer, tout va rentrer dans l'ordre logique et juste ;
Désormais l'ordre ne règnera plus dans le désordre par la force, par la
pression des baïonnettes et des canons ;
Mais l'ordre règnera dans l'ordre, par la seule puissance du droit et de
la justice.

5. Socialisme.

Ne semble-t-il pas que Dieu ait voulu punir, dès ici-bas et de suite
après le crime, les riches mauvais et égoïstes, de la corruption qui a
régné parmi eux pendant la durée du dernier règne, et encore de l'inhu-
manité, de la cruelle dureté qu'ils ont montrées envers les pauvres, envers
leurs frères, pendant le cours de la dernière disette, durant l'année 1847.
Les misérables !
Ils voulaient grandir, augmenter leurs richesses avec les sueurs du
peuple,
Et voilà que Dieu leur envoie tout à coup le socialisme (et peut-être
bientôt le communisme, car qui peut répondre de l'avenir ?), le socialisme qui, dès son apparition, les consterne, les effraie, leur donne le
vertige.
Juste punition du Seigneur !
Qui peut en douter ?

Le socialisme n'est-il pas l'œuvre de Dieu ?
Ah ! sa marche progressive et si rapide ne le prouve que trop.
En effet, le socialisme est à peine à sa naissance, que déjà il se montre
grand et colossal ;
Dès sa première heure il apparaît déjà tellement fort, tellement

redoutable aux riches, que déjà ils jugent, ils pensent que toutes leurs forces réunies, serrées comme en un bataillon carré, ne sont pas de trop, sont même à peine suffisantes, non pas pour le terrasser (car c'est absolument impossible), mais seulement pour lui résister.

La source du socialisme est à peine sortie de la capitale future du monde, de Paris (ce foyer de lumière!), que déjà elle coule abondante, à pleins bords, et s'épanche en millions de rivières, de fleuves, de canaux, et s'épanche non-seulement par toute la France, mais encore par tout le monde.

Et nos anti-républicains, et nos anti-socialistes prétendraient arrêter ces fleuves nombreux, rapides et parfois impétueux, ces fleuves qui se hâtent de toutes parts d'aller former l'océan social qui doit à l'avenir arroser, féconder et fertiliser miraculeusement le monde nouveau.

Les insensés!
Ils essaient, à l'instar des premiers habitants de la nouvelle terre sortie de dessous les eaux du grand cataclisme, ils essaient de bâtir, d'édifier une espèce de tour, sur le sol tremblant de l'Europe, afin de mieux échapper à cette espèce de cataclysme social.

Mais, que diraient-ils, que penseraient-ils d'une troupe d'hommes qui, au moment où la locomotive grondante et mugissante d'un chemin de fer passerait rapide comme l'éclair, se précipiteraient dans la voie pour chercher à arrêter cette machine presque infernale?
Ils hausseraient assurément les épaules!
Eh bien! leur dessein, leur projet d'arrêter la locomotive du socialisme (chauffée par eux-mêmes à toute vapeur), ne sont pas moins insensés.

Et pourquoi, dès sa naissance, dès sa plus tendre enfance, le socialisme apparaît-il si fort, si puissant; apparaît-il si terrible, si menaçant aux riches, aux riches égoïstes?
Ah! c'est parce qu'il a la justice et l'équité pour base, pour fondement!
Ah! c'est parce qu'il n'est pas un fait, un fait obtenu par la ruse, par la force et par la violence; mais bien un principe divin; mais bien un droit éternel!

Mais qu'est-ce donc que le socialisme? me demande-t-on continuellement dans mon village.
Voici ce que je réponds :
Je vais le répéter ici en face du ciel et de la terre, en présence de Dieu qui lit dans le fond de mon cœur, et des hommes qui m'écoutent et vont me lire.

Ecoutez :
Le socialisme, le vrai socialisme, le seul socialisme possible,
C'est la fin des abus iniques ;
C'est la mort des priviléges injustes ;
C'est la marche progressive de l'humanité ;
C'est la justice égale et impartiale pour tous ;

Avec le socialisme,
Plus de despotes !
Plus de priviléges !
Plus d'abus !
Plus d'iniquités !
Plus d'injustices !

Le socialisme veut :
Pour les travailleurs une juste rétribution ;
Pour la famille un respect sacré et inviolable ;
Pour la propriété justement et légalement acquise, et surtout trans-
missible, même respect sacré et inviolable ;
Pour la religion, le véritable esprit du christianisme ;
Pour l'ordre, que l'ancien désordre cesse, et que la justice soit la base
du nouvel ordre.

Voilà au résumé ce que veut le socialisme comme je l'entends, comme
je le comprends, et comme tout honnête homme doit l'entendre et le
comprendre. Mais quant aux rêveries de quelques-uns de nos utopistes,
je les repousse, non avec mépris, non avec pitié, mais seulement avec
compassion, avec indulgence, car souvent leurs auteurs sont de bien
nobles cœurs que leur amour, leur grand amour pour l'humanité
égare, perd.

Maintenant jugez-le !
Ou plutôt écoutez encore :

Pour mieux vous tromper, afin de mettre le désordre dans vos rangs,
pour jeter une terreur panique dans votre armée innombrable de travailleurs de toute espèce, les riches égoïstes vous disent :
Que la société est en danger, en péril.
Mensonge !
Ce sont seulement leurs injustes et iniques priviléges, présents, passés
et futurs, qui sont en péril, qui sont en danger imminent.
Et voilà la cause, la vraie cause, l'unique cause de leur si grande
épouvante et de leurs cris de détresse ; mais par prudence, par sagesse,
laissons-les crier et s'époumoner tout à leur aise.

Ils vous disent encore :
Que le socialisme (qui n'est pour ainsi dire que le défenseur purement
et simplement du travail, par conséquent des travailleurs), que le so-
cialisme attaque la propriété, la famille et la religion.
Mensonge encore !
Et même affreuse et infernale calomnie !
Le socialisme veut seulement, veut tout simplement briser à tout
jamais les honteuses chaînes dont le capital a si injustement chargé le
travail, et avec lesquelles il le tient enchaîné et en fait son esclave.
Voilà tout le mystère de la panique de tous les usuriers !
Le socialisme veut traduire l'infame usure au tribunal de la justice,
lui faire son procès et la faire condamner à la peine infamante qu'elle
mérite.

Serait-ce donc un bien grand malheur pour les habitants de nos campagnes ?

Le socialisme veut encore pour l'homme le maintien de son droit au travail.

Le socialisme veut qu'aucun des enfants de Dieu ne meure de faim.

Le socialisme veut que tout homme ait au moins une chaumière pour se retirer, pour s'abriter pendant les rigueurs de l'hiver.

Est-ce trop exiger ?

Non, non ! le socialisme ne veut pas non plus l'abolition de la famille, mais au contraire son maintien ;

Non, non ! le socialisme ne veut pas la profanation de la famille, mais bien au contraire sa sainteté ;

Le socialisme veut la franche, la libre expression de la nature pour et dans le mariage, et non l'infame trafic de l'homme et de la femme (tel qu'il a lieu aujourd'hui).

Le socialisme ne veut plus qu'un vil métal soit pour ainsi dire l'unique lien (lien affreux et abominable !), l'unique lien de l'époux et de l'épouse.

Le socialisme ne veut plus qu'un odieux intérêt empêche les époux d'accomplir les devoirs du mariage.

Est-ce donc un mal ?

Le socialisme ne veut plus que d'infames corrupteurs emploient leur or à vous ravir le cœur de vos femmes, l'honneur de vos filles ; le socialisme ne veut plus que la société reste muette, indifférente, impassible pour de telles abominations, abominations qui aujourd'hui ne sont absolument qu'un jeu pour les riches corrompus.

Est-ce vrai ?

Ecoutez-moi :

Je vais vous faire connaître, par un exemple entre mille, comment grand nombre de nos honnêtes et modérés conservateurs entendent le maintien de la famille.

Dernièrement, une jeune dame de ma connaissance, Mme............, se présente chez un des hommes marquants du pays et sollicite près de cet homme un emploi pour son mari. — Oui, madame, je lui procurerai une place facilement, répond l'honnête et modéré conservateur, mais à une condition : c'est que vous serez ma maîtresse ! — La jeune dame, qui est une personne très vertueuse, surprise et même indignée d'une telle proposition faite avec le dernier dévergondage, reprend aussitôt : — Monsieur, ah ! plutôt la pauvreté que le déshonneur ! — Un instant le déhonté seigneur et maître est déconcerté ; mais bientôt il ajoute avec un air de petit-maître tant soit peu blessé dans sa basse et sotte vanité : — Madame, vous persistez ? — Oh ! oui monsieur. — Eh bien ! je vous jure que jamais je ne m'occuperai ni de vous ni des vôtres. — Puis il tourna brusquement et même brutalement le dos à l'honnête et vertueuse solliciteuse, qui s'empressa de son côté de sortir de ce boudoir du crime, en emportant avec elle tout le mépris qu'elle pouvait avoir pour un homme qui avait de tels procédés.

Voilà cependant un de nos honnêtes et modérés conservateurs de la famille !

Voilà un de ces hommes qui crient, qui tempêtent, qui vocifèrent contre le socialisme !

Voilà un de ces gens qui veulent en finir avec les socialistes, et non avec les armes justes, légales et équitables de la discussion, mais avec celles injustes, illégales et infames du pistolet, du poignard !

Jugez-les maintenant.

Le socialisme veut encore ramener la religion à sa primitive et si touchante simplicité.

Simplicité vraiment sublime, et qui tire les larmes des yeux !

Le socialisme veut que les ministres du Seigneur prêchent non-seulement de paroles, mais encore d'exemples, et qu'ils se fassent, comme le divin Maître, les serviteurs de tous.

Oh ! alors ils seront dignes du respect, de la confiance, de la vénération et de l'amour du peuple !

Je ne veux pas ici chercher à déprécier le clergé ;

Que Dieu m'en garde !

Je voudrais même en ce moment avoir assez d'''éloquence, d'enthousiasme, de feu, pour redire aux hommes par combien de belles vertus, de sublimes actions, le clergé, surtout en France, s'est toujours distingué, et a mérité et continue à mériter notre admiration et notre reconnaissance.

Mais, à côté des grands, nobles et saints exemples, il y a les mauvais, il y a les abus ; et ils sont passablement nombreux aujourd'hui.

Et ce sont ces mauvais exemples, ces abus, que le socialisme voudrait voir disparaître.

C'est sans doute trop exiger,

Puisque le grand Maître a dit : *Dans le monde il y aura toujours des scandales, mais malheur à ceux par qui le scandale arrive !*

Le socialisme veut encore, veut surtout les améliorations que je signale dans la seconde partie de ma profession de foi.

Le socialisme veut enfin le progrès.

Voilà en résumé, et en quelques mots seulement, ce que veut le socialisme, le véritable socialisme, le socialisme dont je suis le dévoué soldat.

Y a-t-il donc lieu à jeter tant de hauts cris ?

O Dieu ! je t'en conjure, éclaire-moi et dis-moi quel est son crime !

Ah ! il n'appartient assurément qu'aux esprits égoïstes, qu'aux cœurs corrompus, qu'aux âmes iniques, de se plaindre, de se tourmenter, de s'effrayer de ce que la société, secouant enfin les iniques préjugés du vieux monde, qui paralysaient complètement son action progressive dans la voie de la perfection, marche, s'avance, se précipite à grands pas vers un ordre de choses plus juste, plus équitable et plus rationnel.

Espérons, croyons même que tout va désormais marcher dans l'ordre.

Encore un peu de temps, et tout sera fait.

Après le désordre nécessaire, inévitable, l'ordre véritable sera définitivement établi.

Désormais des milliers d'hommes ne seront plus les esclaves d'un seul homme qui n'était assurément pas plus qu'eux, et qui ne tenait ses droits injustes, dont il faisait tant de parade, que de la force, de l'adresse, de la ruse; d'un seul homme, auquel les préjugés, le fanatisme, la corruption, donnaient une puissance en quelque sorte surhumaine.

Désormais le travail ne sera plus l'esclave du capital, du capital, qui ne tenait sa force prodigieuse que de la science funeste de ceux qui l'exploitaient, et de l'ignorance profonde du peuple.

Oui, désormais comme le peuple, le travail sera roi et souverain.

Il a fallu à la vérité toutes les longues, cruelles et sanglantes péripéties de la révolutions de 89, de ce drame terrible, de ces longues et épouvantables scènes, pour que le peuple rentrât dans ses droits saints et sacrés, pour qu'il recouvrît sa suprême autorité.

Dieu veuille que la lutte de l'utile et paisible travail contre l'usurpateur capital ne soit ni si longue, ni si sanglante, ni si effrayante.

7. Communisme.

Ecoutons M. de Châteaubriand,

Car nul n'a pu et ne peut parler du communisme avec un esprit plus impartial, avec une logique plus forte, avec une éloquence plus grande que lui.

« Le fait relatif à la société française est l'invasion prochaine et rapide
» de la propriété. On s'aperçoit aujourd'hui que la hiérarchie des rangs
» était la barrière qui défendait la hiérarchie des fortunes. La légitimité
» abattue, l'aristocratie des rangs détruite parmi nous, l'aristocratie de
» la propriété devient le point de mire, comme sous un feu de bataillon,
» la première ligne étant tombée, la seconde offre la poitrine à l'ennemi.
» Il y a dans la propriété tous les degrés que l'on remarquait dans
» l'aristocratie : la grande propriété, la moyenne propriété et la petite
» propriété, représentant la haute noblesse, la seconde noblesse et les
» cadets avec la cape et l'épée. Au train dont nous allons, les fermiers
» demanderont bientôt au possesseur du sol pourquoi ils labourent les
» friches, tandis que lui se promène les bras croisés ; pourquoi ils n'ont
» qu'une blouse de toile, tandis qu'il porte une redingote de laine. La
» propriété industrielle n'est pas plus à l'abri que la propriété territo-
» riale. Faites donc aujourd'hui, après l'affaire de Lyon, que le fabri-
» cant soit le maître dans sa fabrique ; que les ouvriers ne lui demandent
» pas, si bon leur semble, d'entrer le samedi en partage des profits de
» la semaine ? Faudra-t-il établir une garnison de vingt-six mille hommes
» dans chaque ville manufacturière, et mettre un soldat en faction au-
» près de chaque aune de ruban ou de drap ? Mais que dis-je, faites donc
» que vous soyez roi, ministre, et le reste, sinon pour rire, et tant qu'il
» plaira à votre voisin.
» Un temps viendra où l'on ne concevra pas qu'il fût un ordre social
» dans lequel un homme comptait un million de revenu, tandis qu'un
» autre homme n'avait pas de quoi payer son dîner. Un noble marquis
» et un gros propriétaire paraîtront des personnages fabuleux, des êtres
» hors de raison. »

Voilà ce que pensait M. de Châteaubriand dès 1831, sur l'avènement prochain du communisme. (Voyez sa *Lettre à la Revue européenne*, etc.)

Assurément ce grand homme (riche et noble en même temps), n'était pas communiste par le cœur ni par le désir, mais seulement par l'esprit, par le génie, par l'intelligence.

Ces paroles que je viens de rapporter, ne sont-elles pas une véritable prédiction ?

Ce grand et vaste génie ne plongeait-il pas, ne voyait-il pas clairement dans l'avenir ?

Comme M. de Châteaubriand, j'annonce l'avènement et l'avènement prochain du communisme, si l'on n'y prend pas bientôt garde.

Comme lui, je n'amène pas le communisme, mais je signale son arrivée à la société ; car, il faut qu'on le sache une fois pour toutes, le communisme, depuis 89 et surtout depuis 93, s'est mis définitivement en marche, et depuis février 1848, il s'avance au pas accéléré. Qui l'arrêtera ? Vous, si vous voulez. . . . .

Si, montés sur une hauteur, nous appercevions une nuée dans le lointain, et que nous la signalions à nos concitoyens qui seraient au bas de la montagne, serions-nous cause de cette nuée ? Non, assurément.

Il en est de même de nos prévisions sur le communisme.

Ne nous faisons pas illusion :

Oui, la locomotive du communisme brûle, dévore en ce moment toute distance pour plus tôt arriver.

Cela est de la dernière évidence (1).

Mais qu'y faire ?

Une seule chose, non pas pour empêcher son avènement (ce serait peut-être impossible), mais au moins pour le retarder autant que faire se pourrait.

Riches propriétaires et capitalistes, et vous surtout riches égoïstes et inhumains, mais vous principalement, infames usuriers !

Ecoutez, écoutez-moi : je suis peut-être votre meilleur conseiller, votre plus dévoué ami, sans que vous vous en doutiez le moins du monde.

Si vous voulez retarder un peu l'avènement du communisme,

Il vous faut de suite vous mettre à l'œuvre,

Et non à une œuvre de destruction et en quelque sorte de brigandage (car cette œuvre vous briserait les premiers, m'entendez-vous bien)?

Mais à une œuvre toute de conservation et de bienfaisance.

---

(1) Long-temps à l'avance et à différentes fois, quoique bien jeune, nous avons déjà prévu certains grands événements qui se sont réalisés suivant nos prévisions ; et si le cadre, malheureusement trop étroit de cette profession de foi, nous le permettait, nous nous ferions un sensible plaisir de faire passer sous les yeux de nos lecteurs la page dans laquelle nous annoncions, dès le 1er octobre 1847, la révolution de février 1848 de la manière la plus précise et la plus formelle.

Hâtez-vous d'imiter la divine Providence ;

Hâtez-vous de verser dans le sein des malheureux, des infortunés de ce monde, le superflu de votre nécessaire ;

Hâtez-vous de tendre une main amie, fraternelle, à vos frères qui sont dans la misère, qui meurent de faim ;

Hâtez-vous d'organiser sur une vaste échelle la charité, la bienfaisance ;

Hâtez-vous de restituer aux malheureuses victimes de votre avarice, de votre égoïsme, ce que vous leur avez enlevé injustement ;

Hâtez-vous de faire disparaître l'usure, l'abominable usure ;

Hâtez-vous ! hâtez-vous ! hâtez-vous !

Car il est plus que temps (1) !

8. Ordre fondé sur la justice.

Ecoutez :

Et pour bien me comprendre, permettez-moi cette espèce de parabole :

Il y avait dans une île douze hommes que la tempête y avait jetés (2).

L'un était plein d'intelligence et les autres passablement ignorants.

Celui qui était rempli d'intelligence se dit un jour :

« Ne pourrais-je pas m'emparer de toute cette île, en devenir le roi et m'assujettir comme sujets mes onze compatriotes. »

Il rêva pendant quelques jours pour trouver les moyens de mieux tromper ses compagnons ; puis, quand il eut préparé toutes ses batteries, il se mit aussitôt en devoir d'exécuter ses injustes projets.

Il fit une histoire ou plutôt une fable à ses collègues.

Et voyant leur simplicité, leur grande crédulité, il finit par leur dire tout simplement qu'en sa qualité de premier occupant de l'île (remarquez bien, il était descendu le premier du navire naufragé sur cette terre hospitalière), toute l'île lui appartenait.

Les onze autres hommes, simples, insouciants, inexpérimentés, crédules et surtout ignorants, le crurent.

Cette première concession faite, cette première victoire obtenue, il chercha bientôt à en obtenir une seconde.

---

(1) *La Légion de la Providence*, projet que je vais jeter sur le papier le plus tôt possible, ouvrage que j'annonce à la fin de ma profession de foi, indiquera les moyens les plus justes, les plus légaux et les plus efficaces, pour éloigner de suite le communisme de notre état social actuel.

(2) Je fais ici allusion à tout gouvernement qui n'a pas pour base l'élection par le suffrage universel, soit direct, comme chez nous aujourd'hui, soit à divers degrés, comme chez nos pères après 93.

Qui donc aujourd'hui aura encore la bonhomie de croire au droit divin, surtout d'après les humiliants aveux de ses plus zélés et intrépides défenseurs d'autrefois, aveux qu'ils sont enfin bien obligés de faire, s'ils ne veulent pas passer pour tout-à-fait stupides ? Ecoutons seulement le vicomte d'Arlincourt, ce si chaud partisan de la légitimité :

« Pour la rendre (la royauté) forte et puissante, dit-il, on l'entoura de tous les
» prestiges imaginables. Le sacre des princes fut institué afin que l'appui de l'Être-Su-
» prême parût se joindre à celui des institutions humaines. Le nom de *droit divin*
» entra dans la langue monarchique, non comme une vérité positive, mais comme
» une poétique auréole, etc. » (Voyez sa brochure *Dieu le veut*, page 33, 2ᵉ édition.)

Quel trait de lumière pour les citoyens trop crédules ! C'est donc le mensonge qu'on a si long-temps imposé au peuple. O pitié !

Il se mit de nouveau à l'œuvre et fit tant qu'il parvint encore à persuader à ces hommes bons et crédules, qu'en sa qualité de propriétaire de l'île, leurs personnes aussi lui appartenaient, et qu'il pouvait en disposer à sa fantaisie.

Cela étant établi,

Il fit une espèce de charte, de constitution ;

Puis il fit jurer à ses nouveaux esclaves de l'observer exactement.

Ils le jurèrent sans trop savoir à quoi ils s'engageaient.

D'abord le maître se contenta d'un travail ordinaire.

Mais bientôt, tourmenté d'une ambition insatiable, comme presque tous les maîtres de ce monde, il ne se contenta plus de ce travail, il exigea de ces hommes des travaux exorbitants.

Pour des motifs que chacun appréciera assez,

Il savait adroitement et alternativement ménager les uns pour écraser les autres ;

Et il ne permettait pas non plus que ces hommes travaillàssent ensemble et se réunissent plus de trois ;

Il s'était choisi parmi ses onze esclaves un confident et deux surveillants, qui, comme tous les agents des maîtres, étaient encore plus durs envers leurs compagnons que le maître lui-même.

Ainsi que le maître, le confident et les deux surveillants avaient toujours dans la bouche les mots d'ordre et de respect aux lois.

Pendant quelque temps, cette espèce de société fonctionna tant bien que mal.

Mais un jour le maître fut obligé de s'absenter de l'île.

Il réunit avant son départ ses onze esclaves, leur fit mille recommandations et leur fit jurer de nouveau l'observation de la constitution que sa bienfaisance, osait-il dire, avait daigné leur octroyer pour le bien-être de tous.

Puis il partit.

D'abord les esclaves, étroitement surveillés, exécutèrent ponctuellement leur serment ; mais étant venus un jour à se rencontrer au milieu d'un petit bois placé au centre de l'île, où les uns et les autres, par le plus simple des hasards, étaient venus chercher quelques moments de repos à l'heure brûlante de midi, ils entrèrent en conversation et se communiquèrent mutuellement leurs pensées. L'effet de cette communication fut prompt, fut électrique. Ils reconnurent bientôt qu'ils devaient leur esclavage à leur simplicité, à leur bonhomie, à leur crédulité, et qu'ils étaient sottement et stupidement, les uns pour les autres, des espèces de sbires, de gendarmes. Aussitôt, par un sentiment unanime, ils prirent la résolution de sortir le plus tôt possible, et même de suite, de leur triste position, de cette servitude, de cet esclavage ; ils dressèrent, combinèrent un plan d'attaque et de résistance ; et au retour du maître, du petit despote, ils s'emparèrent de sa personne malgré son grand courroux, malgré ses énergiques protestations, malgré ses foudroyantes menaces, et malgré surtout ces grands mots d'ordre et de justice, toujours à la bouche de tous les tyrans ; ils lui firent aussitôt connaître ses turpitudes et ses infamies, et lui dirent dans un sublime langage de miséricorde et d'amour : « Nous ne voulons pas assurément être aussi méchants que toi ; nous voulons bien oublier tout le passé ; si tu veux donc

redevenir notre frère, vivre avec nous comme tel, nous te pardonnons
sincèrement tous les maux que tu nous a faits jusqu'ici ; nous t'ad-
mettons parmi nous, et tu auras part comme un de nous au partage que
nous allons faire de toutes les terres de l'île. Nous ferons ensuite une
constitution qui sera le fruit de tous, par conséquent à l'avantage de
tous, et non comme la tienne à l'avantage d'un seul, de toi. »

L'ex–maître, l'ex–tyran, qui avait du bon sens, s'empressa d'accepter les offres si généreuses de ses ex–esclaves, s'estimant trop heureux d'en être quitte seulement pour la peur.

Le partage eut lieu ; la constitution fut faite ainsi que je viens de le
dire, et depuis les douze naufragés vécurent en frères et s'aidèrent mutuellement.

Vous reconnaissez–vous à cette parabole ?
Qui voulait le désordre ?
Etaient–ce les esclaves ?
Non assurément ! non, mille fois non !

L'usurpateur, le petit tyran, voulait à la vérité l'ordre ; mais c'était
l'ordre dans le désordre ; mais c'était l'ordre qui sanctionne l'injustice, et
cet ordre ne peut jamais durer long-temps ; et cet ordre cause les révolutions.

Et les onze esclaves voulaient à la vérité le désordre ; mais c'était pour
établir ensuite le véritable ordre, l'ordre conforme à la justice, et quand
une fois cet ordre fut établi, tout marcha admirablement bien.

Je le demande maintenant :
Voulaient–ils, veulent–ils l'ordre, la justice et la paix,
Ces hommes de tous les temps qui s'épargnent, eux, les privilégiés
de la fortune, pour écraser d'autant plus ignominieusement les infortunés de la terre ?
Voulaient-ils, veulent–ils l'ordre,
Ces hommes qui font des opprimés, des serfs, de véritables esclaves
de leurs frères ?
Etaient–ils, sont-ils modérés et honnêtes,
Ces hommes égoïstes et inhumains qui veulent tout pour eux, et les
richesses, et les honneurs, et la gloire et les plaisirs, et la tranquillité
et le repos, et rien, absolument rien pour les autres, si ce n'est la pauvreté et l'opprobre, les humiliations et les peines, l'inquiétude et le
trouble, en un mot la nécessité ?

Etaient–ils, sont-ils tant soit peu chrétiens seulement,
Ces hommes qui, vivant dans l'opulence, au milieu de la profusion
de toutes choses, refusent au peuple, aux malheureux prolétaires, les
moyens de gagner plus facilement le pain de chaque jour, qui leur coûte
aujourd'hui encore tant de fatigues et de sueurs ?

Voulaient–ils l'ordre, la justice ? étaient-ils modérés, honnêtes ?
étaient-ils chrétiens, religieux,

Cette noblesse, ce haut clergé du dix–huitième siècle, qui se liguaient, s'unissaient toujours contre le tiers-état, contre le peuple, et l'écrasaient d'injustes, d'odieux, d'infames impôts, pour pouvoir contenter, satisfaire plus facilement leurs passions ?

Ah ! ne vaut-il pas mieux cent fois, mille fois, être républicain démocrate et socialiste, même républicain rouge, même républicain pur sang (car toutes ces épithètes ne sont que de vains mots), en proclamant l'abolition de la peine de mort, paré, couronné des lauriers de la victoire, que d'être à leur admirable manière, que d'être républicains modérés et honnêtes (de nom seulement), que d'être républicains blancs, tout blancs, avec un cœur aussi inhumain et une âme aussi barbare, et en voulant maintenir la peine de mort, et en louant même l'assassinat ?

Et encore,

Quels sont les hommes qui vont assassiner nos représentants, pour ainsi dire, au beau milieu du jour et sur les places publiques ?

Des républicains honnêtes et modérés, ou autrement dit,

Des blancs !

Sont-ils donc, comme ils s'en vantent, modérés et honnêtes, ces hommes-là ?

Non, cent fois non !

Veulent-ils donc l'ordre et la justice, comme ils le disent, ces hommes-là ?

Non, mille fois non !

Aiment-ils, pratiquent-ils la religion, comme ils s'en flattent, ces hommes-là ?

Non, million de fois non !

Vous pouvez d'ailleurs en juger par les faits ?

Ces hommes sont cependant ceux qui se donnent, qui s'efforcent de se faire passer, qui se proclament dans tous les temps, à toutes les époques, comme les hommes exclusivement honnêtes et modérés.

Les hypocrites !

Il y a déjà bien long-temps que le Christ les a démasqués.

Puisse ma faible voix se joindre à celle de l'homme divin pour achever de les démasquer entièrement aux yeux du peuple !

Peuple confiant et si souvent trompé !

Peuple grand et magnanime !

Connaîtras-tu bientôt, connaîtras-tu enfin une bonne fois pour toutes, tes amis, tes véritables amis ?

Quand donc la lumière de l'intelligence se fera dans ton esprit ?

9. Divinité du XIXᵉ siècle.

Qui l'ignore aujourd'hui,

Que la seule et pour ainsi dire l'unique religion du siècle présent soit l'or ?

Et au nouveau veau d'or, on sacrifie honteusement et son Dieu et son âme, et la société générale, et la société particulière, et la patrie, et la famille, en un mot tout, absolument tout.

On lui sacrifie tout : honneur et probité, opinions et principes, équité et justice !

Près de lui,

Tous les anciens partis, si opposés de vues politiques, se réunissent pour se confondre dans une seule et mutuelle adoration !

A ses pieds,

Ils déposent : les légitimistes, leur amitié si intéressée à la légitimité; les orléanistes, leur attachement encore plus intéressé à la monarchie de juillet (le pillage du budget est là); les napoléonistes enfin, leur admiration exclusive (bien pardonnable il est vrai) pour le grand homme et encore pour les moindres choses qui y tiennent.

Là,

Tous les royalistes en un mot font offrande à la nouvelle et si bienfaisante (pour eux seulement) divinité, de toutes leurs anciennes opinions et prétentions.

Pauvre humanité !

Où vas-tu?

Le précipice est sous tes pas, déjà béant et dévorant, et tu ne t'en doutes pas le moins du monde.

Ah !

Qui ne remarque pas que pour peu que la corruption étende sa funeste contagion, ce sera le vol, le véritable vol qui sera adroitement organisé dans toutes les classes, dans toutes les professions, dans tous les états de la société.

Tout pour soi !

Chacun à ses affaires !

Voilà les deux belles, les deux grandes maximes de nos riches corrompus !

C'est l'isolement, l'entier isolement des membres entre eux de la société.

C'est l'homme réduit à la vie sauvage dans le sein même de la société.

C'est l'homme fait brute !

Ces maximes, de nos honnêtes et modérés conservateurs, sont bien opposées, bien contraires, aux maximes renfermées dans le code sacré et social, dans l'Evangile, qui nous donne entre autres belles et divines maximes, celle-ci :

« Aimez votre prochain comme vous même !

» Faites à autrui ce que vous voudriez qu'on vous fît !

» Si vous voulez être le plus grand parmi vos frères, faites-vous le serviteur de tous ! »

Et celle-ci, pour ceux qui visent à la perfection :

« Si enfin vous voulez être parfait, vendez votre bien et distribuez-en le prix aux pauvres, puis, suivez-moi.

Ces maximes assurément ne prêchent pas l'égoïsme comme ces hommes faits matière le prêchent ; ne recommandent pas l'isolement comme ces hommes devenus sauvages le recommandent.

C'est bien au contraire le pur, le véritable socialisme qu'elles enseignent ; c'est bien la venue du nouveau monde social qu'elles ont préparée et qu'elles préparent encore.

Je ne sache pas qu'il existe au monde un livre qui soit plus en rapport avec le socialisme, avec le socialisme, cette importante question à l'ordre du jour, avec le socialisme, cet immense progrès de l'humanité dans la voie de la perfection ; qu'il existe un livre qui aille plus directement et ouvertement au véritable socialisme que l'Evangile.

Je n'ai encore vu nulle part, pas même dans nos plus avancés communistes, d'accusations, de menaces, d'anathèmes contre les riches égoïstes, semblables à ceux contenus dans le livre inspiré du ciel.

C'est dans ce grand code, tout à la fois religieux, politique et social, une espèce de tonnerre continuel contre ces oppresseurs de l'humanité, tonnerre qui enfin éclate et devient terrible et vengeur au moment solennel du jugement de l'Eternel.

« Allez, maudits, au feu éternel, etc. »

Et cette épouvantable sentence n'est absolument formulée que contre les mauvais riches ;

Et ils sont nombreux, dit l'Ecriture sainte.

10. Prophéties.

Ne méprisez pas les prophéties, mais examinez tout et retenez ce qui est bon. Thess. v. 20, 21.

« Lorsqu'il (l'ange) eut ouvert le troisième sceau, j'entendis le troi-
» sième animal qui dit : *Venez et voyez*. Je vis paraître tout d'un coup
» un cheval noir, et celui qui était monté dessus avait en sa main une
» balance.

» Et j'entendis une voix du milieu des quatre animaux qui dit : *Le
» litron de blé vaudra une drachme, et trois litrons d'orge une drachme ;
» mais ne gâtez ni le vin ni l'huile*. » (*Apocalypse*, ch. VI, v. 5 et 6.)

Après avoir prédit, entre autres choses remarquables, touchant le grand homme des temps modernes ; après avoir prédit, dis-je, la naissance, l'élévation étonnante et la double chûte de Napoléon ; après avoir encore annoncé le retour des Bourbons, les troubles de 1827, la conspiration des libéraux et les révolutions mêmes de 1830 et 1848, Olivarius continue ainsi :

« Lors un jeune guerrier cheminera vers la grande ville ; il portera
» lion et coq sur son armure.

» Ains la lance lui sera donnée par grand prince d'Orient.

» Il sera secondé merveilleusement par le peuple guerrier de la
» Gaule-Belgique, qui se réunira aux Parisiens pour trancher troubles
» et réunir soldats, et les couvrir tous de rameaux d'oliviers.

» Guerroyant encore avec tant de gloire sept fois sept lunes, que
» trinité population européenne, par grande crainte et pleurs, offrant
» leurs fils et épouses en ôtages, et ployant sous les lois saines et justes,
» et aimées de tous.
» Ains paix durant vingt cinq lunes.

» Dans Lutétia la Seine, rougie par sang, suite de combats à outrance,
» étendra son lit par ruine et mortalité.
» Séditions nouvelles de malencontreux maillotins.

» Ains seront pourchassés du palais des rois par l'homme valeureux,
» et par après les immenses Gaules déclarées par toutes les nations
» grande et mère-nation ;
» Et lui, sauvant les restes échappées du vieil sang de la cape, règle
» les destinées du monde, dictant conseil souverain de toute nation et
» de tout peuple ;
» Pose base de fruits sans fin et meurt. » (Olivarius, XVIᵉ siècle.)

Cette époque prédite par le prophète Jean et par Olivarius, dans les
passages que je viens de citer, est proche, toute proche !

Voici bientôt venir le guerrier, le grand pacificateur de la France, de
l'Europe et du monde entier.

Encore quelques temps,
Encore quelques fortes et violentes commotions en Europe,
Et il apparaîtra sur la terre de France.
Son étoile a déjà brillé au ciel !
Il vient, il vient, il vient !
Peuple, peuple français !
Prépare-toi à le recevoir.

11. Fin du monde.

Des oracles redoutables annoncent que les temps
sont arrivés.
(J. DE MAISTRE, *Soirées de Saint-Pétersbourg*.)

Habitants de la terre, écoutez :

La fin des temps approche !
Voici bientôt venir le grand jour de la manifestation de la justice du
Seigneur !
Nul doute, avant l'année deux mille, le monde aura cessé d'être !
Et l'espèce de grand épisode de la création sera achevé.

Dieu est demeuré six jours pour créer l'univers, et le septième il
s'est reposé.
Voilà la première de toutes les prédictions !

Le monde durera donc six mille ans et puis la fin viendra ; et puis
l'éternité continuera, poursuivra son cours comme si le ciel, la terre,
n'avaient jamais existé.

Tandis qu'il vivait parmi les hommes, le Christ, répondant à ceux qui l'interrogeaient sur l'avènement plus ou moins éloigné, plus ou moins prochain, du dernier jour, a dit : « Le monde vivra encore mille ans et plus. »

S'il eût dû vivre plus de deux mille ans, le Christ assurément aurait dit : « Deux mille ans et plus. »

» Si la situation de la République française, en 1792, expliquait la guerre, les différences qui existent entre cette époque de notre histoire et l'époque où nous sommes expliquent la paix. Ces différences, appliquez-vous à les comprendre et à les faire comprendre autour de vous.

» En 1792, la nation n'était pas une. Deux peuples existaient sur un même sol. Une lutte terrible se prolongeait encore entre les classes dépossédées de leurs priviléges et les classes qui venaient de conquérir l'égalité et la liberté. Les classes dépossédées s'unissaient avec la royauté captive et avec l'étranger jaloux pour nier sa révolution à la France, et pour lui réimposer la monarchie, l'aristocratie et la théocratie par l'invasion. Il n'y a plus de classes distinctes et inégales aujourd'hui. La liberté a tout affranchi. L'égalité devant la loi a tout nivelé. La fraternité, dont nous proclamons l'application et dont l'assemblée nationale doit organiser les bienfaits, va tout unir. Il n'y a pas un seul citoyen en France, à quelque opinion qu'il appartienne, qui ne se rallie au principe de la patrie avant tout, et qui ne la rende, par cette union même, inexpugnable aux tentatives et aux inquiétudes d'invasion.

» En 1792, ce n'était pas le peuple tout entier qui était entré en possession de son gouvernement : c'était la classe moyenne seulement qui voulait exercer la liberté et en jouir. Le triomphe de la classe moyenne alors était égoïste, comme le triomphe de toute oligarchie. Elle voulait retenir pour elle seule les droits conquis par tous. Il lui fallait pour cela opérer une diversion forte à l'avènement du peuple, en le précipitant sur les champs de bataille, pour l'empêcher d'entrer dans son propre gouvernement. Cette diversion, c'était la guerre. La guerre fut la pensée des *monarchiens* et des *Girondins*; ce ne fut pas la pensée des démocrates plus avancés, qui voulaient, comme nous, le règne sincère, complet et régulier du peuple lui-même, en comprenant dans ce nom toutes les classes, sans exclusion et sans préférence, dont se compose la nation.

» En 1792, le peuple n'était que l'instrument de la révolution, il n'en était pas l'objet. Aujourd'hui, la révolution s'est faite par lui et pour lui. Il est la révolution elle-même. En y entrant, il y apporte ses besoins nouveaux de travail, d'industrie, d'instruction, d'agriculture, de commerce, de moralité, de bien-être, de propriété, de vie à bon marché, de navigation, de civilisation enfin, qui sont tous des besoins de paix ! Le peuple et la paix c'est un même mot.

» En 1792, les idées de la France et de l'Europe n'étaient pas préparées à comprendre et à accepter la grande harmonie des nations entre elles, au bénéfice du genre humain. La pensée du siècle qui finissait n'était que dans la tête de quelques philosophes. La philosophie est populaire aujourd'hui. Cinquante années de liberté de penser, de parler et d'écrire ont produit leur résultat. Les livres, les journaux, les tribunes ont opéré l'apostolat de l'intelligence européenne. La raison rayonnant de partout, par-dessus les frontières des peuples, a créé entre les esprits cette grande nationalité intellectuelle qui sera l'achèvement de la révolution française et la constitution de la fraternité internationale sur le globe.

» Enfin, en 1792, la liberté était une nouveauté, l'égalité était un scandale, la république était un problème. Le titre des peuples, à peine découvert par Fénélon, Montesquieu, Rousseau, était tellement oublié, enfoui, profané par les vieilles traditions féodales, dynastiques, sacerdotales, que l'intervention la plus légitime du peuple dans ses affaires paraissait une monstruosité aux hommes d'état de l'ancienne école. La démocratie faisait trembler à la fois les trônes et les fondements des sociétés. Aujourd'hui, les trônes et les peuples se sont habitués au mot, aux formes, aux agitations régulières de la liberté exercée dans des proportions diverses presque dans tous les états, même monarchiques. Ils s'habitueront à la République, qui est sa forme complète chez les nations les plus mûres. Ils reconnaîtront qu'il y a une liberté conservatrice; ils reconnaîtront qu'il peut y avoir dans la République, non-seulement un ordre meilleur, mais qu'il peut y avoir plus d'ordre véritable dans ce gouvernement de tous par tous, que dans le gouvernement de quelques-uns pour quelques-uns.

» Mais, en dehors de ces considérations désintéressées, l'intérêt seul de la consolidation et de la durée de la République inspirerait aux hommes d'état de la France des pensées de paix. Ce n'est pas la patrie qui court les plus grands dangers dans la guerre; c'est la liberté. La guerre est presque toujours une dictature. Les soldats oublient les institutions pour les hommes. Les trônes tentent les ambitieux. La gloire éblouit le patriotisme. Le prestige d'un nom victorieux voile l'attentat contre la souveraineté nationale. La République veut de la gloire, sans doute, mais elle la veut pour elle-même, et non pour des Césars ou des Napoléons !

» Ne vous y trompez pas, néanmoins : ces idées que le gouvernement provisoire vous charge de présenter aux puissances comme gage de sécurité européenne, n'ont pas pour objet de faire pardonner à la République l'audace qu'elle a eue de naître; encore moins de demander humblement la place d'un grand droit et d'un grand peuple en Europe; elles ont un plus noble objet : faire réfléchir les souverains et les peuples, ne pas leur permettre de se tromper involontairement sur le caractère de notre révolution; donner son vrai jour et sa physionomie juste à l'événement, donner des gages à l'humanité, enfin, avant d'en donner à nos droits et à notre honneur, s'ils étaient méconnus ou menacés.

» La République française n'intentera donc la guerre à personne. Elle n'a pas besoin de dire qu'elle l'acceptera, si on pose des conditions de guerre au peuple français. La pensée des hommes qui gouvernent en ce moment la France est celle-ci : Heureuse la France si on lui déclare la guerre, et si on la contraint ainsi à grandir en force et en gloire, malgré sa modération ! Responsabilité terrible à la France si la République déclare elle-même la guerre sans y être provoquée ! Dans le premier cas, son génie martial, son impatience d'action, sa force accumulée pendant tant d'années de paix, la rendraient invincible chez elle, redoutable peut-être au-delà de ses frontières. Dans le second cas, elle tournerait contre elle les souvenirs de ses conquêtes, qui désaffectionnent les nationalités, et elle compromettrait sa première et sa plus universelle alliance : l'esprit des peuples et le génie de la civilisation.

» D'après ces principes, monsieur, qui sont les principes de la France de sang-froid, principes qu'elle peut présenter sans crainte comme sans défi à ses amis et à ses ennemis, vous voudrez bien vous pénétrer des déclarations suivantes :

» Les traités de 1815 n'existent plus en droit aux yeux de la République française ; toutefois, les circonscriptions territoriales de ces traités sont un fait qu'elle admet comme base et comme point de départ dans ses rapports avec les autres nations.

» Mais, si les traités de 1815 n'existent plus que comme faits à modifier d'un accord commun, et si la République déclare hautement qu'elle a pour droit et pour mission d'arriver régulièrement et pacifiquement à ces modifications, le bon sens, la modération, la conscience, la prudence de la République existent, et sont pour l'Europe une meilleure et plus honorable garantie que les lettres de ces traités si souvent violés ou modifiés par elle.

» Attachez-vous, monsieur, à faire comprendre et admettre de bonne foi cette émancipation de la République des traités de 1815, et à montrer que cette franchise n'a rien d'inconciliable avec le repos de l'Europe.

» Ainsi, nous le disons hautement : si l'heure de la reconstruction de quelques nationalités opprimées en Europe ou ailleurs, nous paraissait avoir sonné dans les décrets de la Providence ; si la Suisse, notre fidèle alliée depuis François Ier, était contrainte ou menacée dans le mouvement de croissance qu'elle opère chez elle pour prêter une force de plus au faisceau des gouvernements démocratiques ; si les états indépendants de l'Italie étaient envahis, si l'on imposait des limites ou des obstacles à leurs transformations intérieures ; si on leur contestait à main armée le droit de s'allier entre eux pour consolider une patrie italienne, la République française se croirait en droit d'armer elle-même pour protéger ces mouvements légitimes de croissance et de nationalité des peuples.

» La République, vous le voyez, a traversé du premier pas l'ère des proscriptions et des dictatures. Elle est décidée à ne jamais voiler la liberté au-dedans ; elle est décidée également à ne jamais voiler son principe démocratique au dehors. Elle ne laissera mettre la main de personne entre le rayonnement pacifique de sa liberté et le regard des peuples. Elle se proclame l'alliée intellectuelle et cordiale de tous les droits, de tous les progrès, de tous les développements légitimes d'institutions des nations qui veulent vivre du même principe que le sien. Elle ne fera point de propagande sourde ou incendiaire chez ses voisins : elle sait qu'il n'y a de libertés durables que celles qui naissent d'elles-mêmes sur leur propre sol ; mais elle exercera, par la lueur de ses idées, par le spectacle d'ordre et de paix qu'elle espère donner au monde, le seul et honnête prosélytisme, le prosélytisme de l'estime et de la sympathie. Ce n'est point là la guerre, c'est la nature ; ce n'est point là l'agitation de l'Europe, c'est la vie ; ce n'est point là incendier le monde, c'est briller de sa place sur l'horizon des peuples pour les devancer et les guider à la fois.

» Nous désirons pour l'humanité que la paix soit conservée ; nous l'espérons même. Une seule question de guerre avait été posée, il y a un an, entre la France et l'Angleterre. Cette question de guerre, ce n'était pas la France républicaine qui l'avait posée, c'était la dynastie. La dynastie emporte avec elle ce danger de guerre qu'elle avait suscité pour l'Europe, par l'ambition toute personnelle de ses alliances de famille en Espagne.

Ainsi cette politique domestique de la dynastie déchue, qui pesait depuis dix-sept ans sur notre dignité nationale, pesait en même temps, par ses prétentions à une couronne de plus à Madrid, sur nos alliances libérales et sur la paix. La République n'a point d'ambition ; la République n'a point de népotisme. Elle n'hérite pas des prétentions d'une famille. Que l'Espagne se régisse elle-même, que l'Espagne soit indépendante et libre. La France, pour la solidité de cette alliance naturelle, compte plus sur la conformité de principes que sur les successions de la maison de Bourbon !

» Tel est, monsieur, l'esprit des conseils de la République. Tel sera invariablement le caractère de la politique franche, forte et modérée que vous aurez à représenter.

» La République a prononcé, en naissant, et au milieu de la chaleur d'une lutte non provoquée par le peuple, trois mots qui ont révélé son âme et qui appelleront sur son berceau les bénédictions de Dieu et des hommes : *Liberté, égalité, fraternité*. Elle a donné le lendemain, par l'abolition de la peine de mort en matière politique, le véritable commentaire de ces trois mots au dedans ; donnez-leur aussi leur véritable commentaire au dehors. Le sens de ces trois mots appliqués à nos relations extérieures est celui-ci : affranchissement de la France des chaînes qui pesaient sur son principe et sur sa dignité ; récupération du rang qu'elle doit occuper au niveau des grandes puissances européennes ; enfin, déclaration d'alliance et d'amitié à tous les peuples. Si la France a la conscience de sa part de mission libérale et civilisatrice dans le siècle, il n'y a pas un de ces mots qui signifie *guerre;* si l'Europe est prudente et juste, il n'y a pas un de ces mots qui ne signifie *paix*.

» Recevez, monsieur, l'assurance de ma considération distinguée.

» LAMARTINE,

» *Membre du gouvernement provisoire de la République*
et ministre des affaires étrangères.

» Paris, 2 mars 1848. »

En attendant que nous puissions publier le *Songe politique*, dont nous annonçons la prochaine publication, nous jugeons convenable et assez opportun pour le moment, d'en extraire le passage suivant, et de prendre ainsi congé de nos lecteurs.

C'est l'Empereur qui, dans le cours de son entretien avec son neveu, M. le président de la République, fait cette nouvelle prédiction :

. . . .

« Mais patience !

» Votre tour viendra bientôt ; le Ciel juste et équitable ne peut lais-
» ser sans punition, sans châtiment, une telle forfaiture à l'honneur (la
» désertion par le gouvernement français de la cause de la liberté des
» peuples opprimés). Attendez ; les événements marchent, se préci-
» pitent ; encore un peu de temps, bien peu, je vous l'annonce, et vous
» subirez le châtiment que vous aurez mérité par votre inexplicable
» politique ; mais, malheureusement, en vous perdant, vous aurez
» perdu à jamais la France.

» Ecoutez, mon cher neveu, cette nouvelle prédiction : elle est digne
» également de toutes vos réflexions ; c'est le vrai pendant de celle
» de Sainte-Hélène.

. . . .

» Une fois que l'héroïque Italie, comme la malheureuse Pologne, aura
» rendu le dernier soupir politique ; une fois que son cadavre sanglant
» et encore tout palpitant sera gisant et inanimé sur le sol de l'antique
» terre des valeureux Romains ; une fois que la Hongrie, restée seule
» dans la lutte suprême et peut-être dernière de la liberté contre le
» despotisme, pour faire face en même temps à deux grands empires,
» aura glorieusement succombé, poignée de héros, sous les armées in-
» nombrables de l'Autriche et de la Russie ; une fois que la liberté, à
» peine à son aurore, aura été entièrement étouffée sous les serres de ces
» espèces de vautours humains ; une fois qu'un silence lugubre, de
» mort, planera sur toutes ces belles contrées, naguère encore pleines
» de vie, mais alors sans mouvement, voici, voici venir votre tour.... ;
» Oh ! alors tremblez !

» ..... Ce ne seront pas seulement les Cosaques, les anthropophages
» du Nord, qui se précipiteront, qui se rouleront à la fois sur vous ;
» mais ce seront encore les restes mutilés de vos anciens alliés, de vos
» anciens amis, qui, devenus avec raison vos plus grands et vos plus
» cruels ennemis, accourront de toutes parts pour vous infliger la pu-
» nition que vous n'aurez que trop méritée. Et l'heure fatale qui don-
» nera de nouveau accès, entrée sur le sol de la France, à toutes ces
» nuées d'ennemis acharnés à sa perte, et cette heure sera l'heure su-
» prême de la France, qui rendra alors le dernier souffle de la vie so-
» ciale, étouffée qu'elle sera par d'aussi grandes et d'aussi pesantes
» masses.

» O ma belle patrie, ô ma noble et grande France d'autrefois, c'en
» sera donc fait de toi cette fois !

» Alors, mon cher neveu, ce sera le moment de l'entier accom-
» plissement, sous le mauvais côté, de ma prédiction du rocher de
» Sainte-Hélène (*Avant cinquante ans*, ai-je dit, *l'Europe sera toute*
» *République ou toute cosaque !*); car le czar commandera en despote à
» toute l'Europe, qu'il chargera de chaînes.

» Voilà, mon cher neveu, l'affreux malheur qui attend la France,
» peut-être même avant la fin de l'année 1849.

» Et à qui la faute ? »

Quoique justement alarmé de ce passage du discours de l'Empereur à
son neveu, nous avons cependant confiance qu'il n'en sera pas ainsi ;
que la France, quand le moment sera arrivé, saura enfin se montrer à
toute la hauteur de sa belle mission dans le monde, et que si des insensés, des fanatiques, des Cosaques français, essayaient de la retenir
dans ses nobles transports, elle ferait immédiatement pleine et entière
justice de ces mauvais citoyens, de ces misérables ennemis intérieurs,
avant de s'avancer au-devant de ceux extérieurs, avec lesquels les
premiers semblent fraterniser déjà d'avance.

Oh ! oui, nous avons encore en ce moment cette consolante assurance,
qu'à cette heure solennelle, décisive, nulles forces humaines ne seraient
plus capables d'arrêter les bons et dévoués patriotes dans leurs nobles
élans vers l'honneur et la gloire.

BESANÇON, IMPRIMERIE DE J. BONVALOT.

Ouvrages du même auteur,

POUR PARAITRE INCESSAMMENT :

Le Songe politique, ou *Apparition de l'empereur Napoléon au président de la République française.*

Pour paraître l'année prochaine :

Un Episode pendant le cours de l'éternité, ou *Le Soleil du monde moral.*

Pour paraître aussi l'année prochaine :

La Légion de la Providence.

C'est le projet dont il est question dans la présente profession de foi.

Pour paraître aussitôt que le temps aura permis à l'auteur de jeter sur le papier ses idées sur la propriété, le socialisme et le communisme :

Un Voyage en ballon jusque dans la lune.

www.ingramcontent.com/pod-product-compliance
Lightning Source LLC
Chambersburg PA
CBHW051148050726
47594CB00003B/1301